ボケとツッコミでわかる労務管理

〜中小企業のツッコミ事例40〜

川勝 健司

天悠社会保険労務士法人／社会保険労務士

東京図書出版

は じ め に

　「法律を知らなかったではすまされない」とは言いますが、世の中法律の数はどれくらいあるのでしょう。国のデータベース（e-Gov）の登録数では、2000超です。また、それに政令、省令と数えると途方のない数になります。そこまでの法律数や内容が頭に入りますか！　って話ですね。

　私が業務上関わる人事労務を中心とした社会保険労務士の分野でも、主となる労働基準法を始めとした、労働組合法、労働関係調整法で、労働三法と言われるもの。
　それから、労働契約法、労働安全衛生法、労働者災害補償保険法、パートタイム・有期雇用労働法、育児・介護休業法、職業安定法、最低賃金法、障害者の雇用の促進等に関する法律、高年齢者等の雇用の安定等に関する法律、雇用保険法、健康保険法、厚生年金保険法、国民健康保険法、国民年金法、男女雇用機会均等法、労働者派遣法などなど。
　実際、法律に関わる社会保険労務士として、大きな顔ができるほど、これらを全て網羅して理解しているわけではないですし、労働基準監督官を始めとした行政官庁やお客様からも「間違ってますよ！」と指摘されることはしばしばあります。

　そのような前提をもとに、中小企業の社長様や労務に携わる管理職の皆様が、経営を中心とした主たる業務の傍らで労働に関する法律を理解したうえで従業員対応をするということは、

並大抵のことではないと思います。「知らなかった」といったことが起きることは、ある意味仕方がないことかなとも思います。とはいえ、「知らなかった」ことにより、後々大きな問題が生じてしまうのも事実です。労働基準監督署の調査然り、一部の労働者においては、国会における野党の皆様さながら、一部の不備を全てが悪いというように、突いてくることもあります。

　また、労務管理の面では、答えが出ないという内容も結構あります。

　そういうわけで、本書は私が日々のお客様対応で実際に起きた事例をもとに、「知らなかった」を「ボケ」（関西風に）としてとらえ、それに「ツッコミ」を入れる形で、読みやすくまとめ、なるべく「知らなかった」を減らして労務管理が円滑に進むことを試みたものです。

　実事例としてまとめていますので、御社の日々の労務トラブルとして起きる可能性がある内容であるとも思います。

　トラブルの事前防止やケーススタディとして、本書をお役立ていただけますと誠に幸いです。

天悠社会保険労務士法人　副所長
社会保険労務士　川勝健司

目次

はじめに 1

第1章 | ボケとツッコミで分かる「求人採用」 7

求人広告を出しても応募が来ない!?
求人給与が他社に比べて見劣りしていることがある!?
内定辞退を防ぐには!?

第2章 | ボケとツッコミで分かる「給与・待遇」 19

管理職になると給与が下がると不満が出た!?
残業代抑止になる手当がある!?
従業員一律の給与は不満のもと!?
意外に難しいパートさんの昇給!?

第3章 | ボケとツッコミで分かる「有給休暇・他休暇」 35

有給休暇を認めろと、従業員に迫られる!?

退職時の有給休暇請求の対応はどうするか⁉
パートさんへ有給休暇は必要⁉
有給休暇の時季変更権の行使は可能か⁉
忌引休暇の対象になる家族の範囲は⁉
婚姻して1年後の慶弔休暇申請は有効か⁉

第4章 ボケとツッコミで分かる「退職トラブル」......... 59

雇用契約書がないと、期間満了退職も無効になる⁉
退職理由を会社都合とされることがある⁉
解雇無効と訴えられることがある⁉
試用期間後の本採用拒否も否定されることがある⁉
退職勧奨もやり過ぎには注意⁉

第5章 ボケとツッコミで分かる「労働時間・残業」......... 83

固定残業手当を支払っているのに、残業代も請求されることがある⁉
労働時間管理が難しい場合の対応は⁉
休日出勤の割増率に文句を言われる⁉
残業申請ルールを無視しても残業代が発生する⁉
労働時間はキッチリ管理、それとも柔軟な制度に⁉
就業時間外の任意参加の勉強会も労働時間になる⁉

早く帰りたい事情に合わせても休憩が必要⁉

第6章　ボケとツッコミで分かる「日常労務」……115

業務委託なのに、失業給付の書類を求められた⁉
休日の出勤拒否への処分は可能か⁉
欠勤がちな従業員の対応を怠ると大変に⁉
業務外の問題も指導するべきか⁉
前職や他社のことを取り上げ不満ばかりの従業員対応は⁉
出勤停止で賃金請求される⁉
業務中の自家用車使用の事故で会社に請求がきた⁉
従業員との間で損害賠償の契約はできないのか⁉
試用期間中は見習いなので社会保険なしで良いのか⁉

第7章　ボケとツッコミで分かる「休職・ハラスメント・休業」……149

うつで休職を繰り返す従業員への対応方法は⁉
休職期間中の従業員対応はどのようにするのか⁉
パワハラと従業員から申し出があったときの対応は⁉
従業員間の食事の誘いもハラスメントになることが⁉
育児休業中にあらたな妊娠が発覚した場合の対応は⁉
男性も育児休業取得できるのか⁉

第1章

＼ボケとツッコミで分かる／

「求人採用」

■求人広告を出しても応募が来ない!?

ボケ：「ハローワークに求人出しても、全然応募があらへん。ずっと出しっぱなしや！」
ツッコミ：「今どき、ただ出してるだけでは効果がありませんよ！　給与額とか以前のままとかではないですか？」

解説：
　求人採用に関して、現状人手不足を解消できていない企業が多く、求職者の売り手市場になっているということと、求人方法も多様化しているので、なかなか以前のように、ただ出しっぱなしでジャンジャン応募がある時代ではなくなっています。また、少子高齢化の影響で働き手が不足していることから、さらにこの状況は加速していくことが想定されます。ということは、経済の原理から見ても労働市場への労働者の供給不足といえ、少ない求職者（転職者）を取り合うことで、求人給与額は益々上昇していくと思われます。したがって、まずは同業他社で出ている求人給与額のチェックは少なくとも必要です。根本的な給与が見劣りするなら求人給与額を再検討ですね。

ボケ：「給与上げるんは痛いけど、しゃあないなぁ」
ツッコミ：「給与の次は他の条件面も確認です！」

　また、必ずしも給与額だけでないということは多分にありますし、給与以外の他の労働条件も見劣りしていないか確認が必要です。労働条件に関しては、今時「有給なし」や「残業代な

し」を前提にしたことはコンプライアンスの観点からも問題がありますし、求職者はワークライフバランスの観点から、年間休日を重視していることも十分にあり得ます。

さらに、現状はインターネットを利用した求職活動が主流になっていますので、ハローワークだけに求人広告を出すというのも求人活動としては弱いと思います。ハローワークは公的機関ということと無料というお得感があるので、活用すること自体は良いと思いますが、厚生労働省の調査では下記のようになっており、ハローワークの割合も20％弱あるとはいえ、

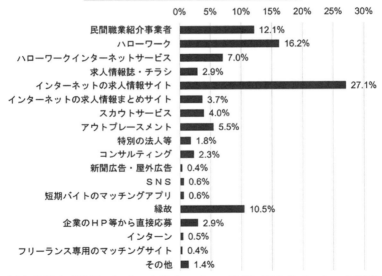

厚生労働省「採用における人材サービスの利用に関するアンケート調査結果の概要（令和3年）」より抜粋

費用はそれなりにかかりますが、インターネットを利用した民間求人媒体なども活用し、ハローワークと併用することで、まずは応募が来る可能性を高めることが必要だと思います。

また、インターネット主流の中で求人検索にヒットするには、「有給消化率○％」「完全週休2日制」「年間休日○○日」「月残業時間○時間」「キャリアアップの流れ」「研修費用補助」「住宅補助」といったキーワードも、応募してもらうといった観点からは有効かと思います。思い切った策として、実現可能性は考える必要はありますが、「入社時から有給20日付与」といったことも差別化を図る策としては一つですね。

まとめると、まずは応募してもらえないと話が進まないので、求職者の目に留まるようなアピールをできる点があるならそれを強調しておき、差別化を図っていくことで、応募者を増やしていくということです。

どうしても必要な職種ということであれば、職業紹介（人材紹介エージェント）もありかと思います。成功報酬型が多く概ね年収見込みの30〜40％くらいが費用としてかかりますが、エージェントとコミュニケーションをしっかり取っておけば、スムーズに採用できることもあります。

ボケ：「採用にも金をかけていかなあかんちゅうことか!?」
ツッコミ：「費用を抑えるということでは、従業員からの紹介も一つです」

最近では自社の従業員からの紹介（リファラル採用）も、採用手段の一つとして挙げられています。まず、既存の従業員が

紹介したいと思うような会社‼　であることが前提となりますが、最近導入された企業様では次のような制度設計をしています。

　　紹介した従業員への報酬
　　紹介者が３カ月雇用継続した時点　　○万円
　　さらに３カ月雇用継続した時点　　　○万円

　　紹介で入社した従業員への報酬
　　３カ月雇用継続した時点　　　　　　○万円
　　さらに３カ月雇用継続した時点　　　○万円

　入社される方にも、報酬を支給するのがポイントです。
　１人採用で３カ月雇用継続すれば、報酬として給与費用が発生しますが、先ほど触れたような職業紹介で年収見込みの30〜40％、民間の求人広告を利用して全く採用できなかった場合と比較しても、費用対効果の面でお得になる可能性があります。また、従業員からあらかじめ、給与の仕組みや仕事の状況を伝えてもらうことで、採用後のミスマッチを防ぐことも期待できます。今後、さらに雇用の流動化が加速していくことを考えると、経験者の採用に繋がるようなこともあり得ます。このように、色々な策を総動員して、打てる手を打って採用に繋げていきたいですね。

■求人給与が他社に比べて見劣りしていることがある!?

ボケ:「自社の求人広告を、同業他社の求人給与と比較して見とったら、うちより結構高いねん。そんな差あるとは思ってへんけど、腑に落ちんわ!」
ツッコミ:「ハローワーク等の給与表示は固定的賃金がベースになっています。皆勤手当とか変動する可能性がある手当は変動的賃金の扱いになりますよ!」

解説:
　まず固定的賃金というのは、基本給や○○手当として雇用契約上毎月定額の固定額で支給されることが約束された賃金です。一方変動的賃金というのは、ある手当について支給条件が決まっている賃金になります。毎月遅刻や、欠勤がないことを条件にする皆勤手当、会社で定める一定の資格を取得することを条件にする資格手当、売上や成果をもとに毎月変動して支給される歩合給などが該当します。
　ハローワーク等の求人広告は、固定的賃金が基本的な表示となるので、その差があるのかもしれません。

ボケ:「なんやそれ、うちは皆勤手当もあるし歩合給もあるわな」
ツッコミ:「そうすると、給与表示について検討の余地はあるかもしれません」

　検討する場合ですが、まず、皆勤手当についてよくお見受け

するのは、手当額が過大で月額3万円といった額で支給されていることです。賞与支給上の対策といった個別の事情があるのかもしれませんが、皆勤手当を支給しているケースについては、一般的に5,000～10,000円程度が相場となっています。なので、一般的な傾向に合わせて皆勤手当を減額させて他の固定的な手当に組み込むというのは一つの対策となりますし、皆勤手当の意味合いも残ります。

　また、「同一労働同一賃金」の観点からみると、皆勤手当の支給を正社員に限定している場合（このケースは多い）、パートなどの非正規社員への支給がないことに対しての説明が難しいというようにされています。非正規社員といえ正社員と同様に対象期間に欠勤等がないのに、その支給の差により給与が差別されているというような趣旨ですね。

　上記のような観点から考えると、皆勤手当自体を廃止して、基本給など固定的な手当に組み込むということも考えられます。これに関しては、副次的な効果もあります。それは「最低賃金」です。昨今、急激に上昇している最低賃金については、固定的賃金から算出した時間当たりの単価を基にしていますので、固定的な手当に組み込むことで、時間当たり単価が上昇するため、「最低賃金」対策にもなるわけです。一方、基本給に組み入れた場合、賞与支給額や退職金が増加するということもありますので、その点は注意が必要です。

「参考」最低賃金とは……最低賃金法に基づき国が賃金の最
　　　　　　　　　　　低額を定めるもので使用者（会社）
　　　　　　　　　　　は、その最低賃金額以上を支払う必

令和6年度　地域別最低賃金　答申状況

都道府県名	ランク	目安額	答申された改定額【円】	引上げ額【円】	目安差額	発効予定年月日
北海道	B	50	1010　(960)	50	±0	2024年10月1日
青森	C	50	953　(898)	55	+5	2024年10月5日
岩手	C	50	952　(893)	59	+9	2024年10月27日
宮城	B	50	973　(923)	50	±0	2024年10月1日
秋田	C	50	951　(897)	54	+4	2024年10月1日
山形	C	50	955　(900)	55	+5	2024年10月19日
福島	B	50	955　(900)	55	+5	2024年10月5日
茨城	B	50	1005　(953)	52	+2	2024年10月1日
栃木	B	50	1004　(954)	50	±0	2024年10月1日
群馬	B	50	985　(935)	50	±0	2024年10月4日
埼玉	A	50	1078　(1028)	50	±0	2024年10月1日
千葉	A	50	1076　(1026)	50	±0	2024年10月1日
東京	A	50	1163　(1113)	50	±0	2024年10月1日
神奈川	A	50	1162　(1112)	50	±0	2024年10月1日
新潟	B	50	985　(931)	54	+4	2024年10月1日
富山	B	50	998　(948)	50	±0	2024年10月1日
石川	B	50	984　(933)	51	+1	2024年10月5日
福井	B	50	984　(931)	53	+3	2024年10月5日
山梨	B	50	988　(938)	50	±0	2024年10月1日
長野	B	50	988　(948)	50	±0	2024年10月1日
岐阜	B	50	1001　(950)	51	+1	2024年10月1日
静岡	B	50	1034　(984)	50	±0	2024年10月1日
愛知	A	50	1077　(1027)	50	±0	2024年10月1日
三重	B	50	1023　(973)	50	±0	2024年10月1日
滋賀	B	50	1017　(967)	50	±0	2024年10月1日
京都	B	50	1058　(1008)	50	±0	2024年10月1日
大阪	A	50	1114　(1064)	50	±0	2024年10月1日
兵庫	B	50	1052　(1001)	51	+1	2024年10月1日
奈良	B	50	986　(936)	50	±0	2024年10月1日
和歌山	B	50	980　(929)	51	+1	2024年10月1日
鳥取	C	50	957　(900)	57	+7	2024年10月5日
島根	B	50	962　(904)	58	+8	2024年10月12日
岡山	B	50	982　(932)	50	±0	2024年10月2日
広島	B	50	1020　(970)	50	±0	2024年10月1日
山口	B	50	979　(928)	51	+1	2024年10月1日
徳島	B	50	980　(896)	84	+34	2024年11月1日
香川	B	50	970　(918)	52	+2	2024年10月2日
愛媛	B	50	956　(897)	59	+9	2024年10月13日
高知	C	50	952　(897)	55	+5	2024年10月9日
福岡	B	50	992　(941)	51	+1	2024年10月5日
佐賀	C	50	956　(900)	56	+6	2024年10月17日
長崎	C	50	953　(898)	55	+5	2024年10月17日
熊本	C	50	952　(898)	54	+4	2024年10月5日
大分	C	50	954　(899)	55	+5	2024年10月5日
宮崎	C	50	952　(897)	55	+5	2024年10月5日
鹿児島	C	50	953　(897)	56	+6	2024年10月5日
沖縄	C	50	952　(896)	56	+6	2024年10月9日
全国加重平均			1055　(1004)	51	+1	－

第1章　ボケとツッコミで分かる「求人採用」

要がある。

最低賃金額の計算方法
(1) 時間給制の場合
時間給≧最低賃金額（時間額）

(2) 日給制の場合
日給÷1日の所定労働時間≧最低賃金額（時間額）
ただし、日額が定められている特定（産業別）最低賃金が適用される場合には、
日給≧最低賃金額（日額）

(3) 月給制の場合
月給÷1箇月平均所定労働時間≧最低賃金額（時間額）

厚生労働省 HP「最低賃金額以上かどうかを確認する方法」より抜粋

　それから、もう一つの方法は見込給与額を記載しておくことですね。これは固定的賃金としては表示しない（給与表示の見直しをしない）が、備考欄や注記を活用して記載する方法です。
　例えば、

　　基本給25万円　皆勤手当1万円　営業手当変動

　この場合、固定的な賃金の表示としては基本給25万円のみ

になる可能性が高いです。

　なので補足説明的に備考欄等を活用することで、「皆勤手当1万円他営業手当あり」とします。ですが、これでも見せ方としては弱いと思うので、もう一歩踏み込んで、「皆勤手当1万円他営業手当月平均3万円で給与見込みは月29万円」とするわけです。

　そうすると、見た目のイメージが随分変わりますので、このような方法も検討できるのではないでしょうか。

　特にハローワークの求人票は備考欄も多く、記載できる文字数も結構多いので、このような方法は十分に可能かと思います。ただし、あまりに見込給与と実態給与に差があるのは、問題があります。

ボケ：「ほな、採用者対策として求人用だけ変更するか！」
ツッコミ：「ちょっと待ってください、既存の従業員とのバランスも大切ですよ！」

　給与表示を変更したら必要に応じて既存の従業員とのバランスは見直しておく必要があります。給与変更に伴ってバランスがおかしくなると（採用者の給与の方が結果として高くなった場合など）、不満のもとになりますよ！

■内定辞退を防ぐには⁉

ボケ：「やっと採用決まったわ！　入ってくるのは6カ月先やけど、ちょっと安心したわ！」

第1章　ボケとツッコミで分かる「求人採用」

ツッコミ：「6カ月も先なのですか。結構期間が空いてるんで油断禁物ですよ！　出社日までが求人活動ですよ」

解説：
　今や採用活動も取った取られたの戦いです。入社が6カ月も先というのは気にかかりますね。その採用者は転職を考え始めたときに、他の会社の求人にも応募していたと思われます。採用を伝えた時に、反応が控えめということはなかったですか？　また、この6カ月の間に、ふらっと別の会社の好条件につられてしまうという可能性もゼロではないかと思います。取り越し苦労なら良いのですが、懸念しているのは内定辞退です。こちらの対応策も考えた方が良いかもしれません。例えば6カ月も期間がありますので、その間に折を見て会社に訪問してもらい、雇用条件の説明をする機会を設けることや、入社承諾書を準備して双方で入社するという事実を確約しておくことも必要かと思います。特に、入社承諾書が重要なポイントです。相手の同意のもとということと抑止効果程度のものですが、それなりに効果はありますので対応しておいた方が良いと思います。
　また、いまはSNSなどコミュニケーションツールも豊富ですし、会社の情報等を伝えコミュニケーションを取っておくことも良いですね。このように、念には念を入れて内定辞退にならないよう、準備しておくのが良いですね。

ボケ：「内定辞退とかけしからんな！　せやけど、こっちも事情変わったら断るかもしれんしな」
ツッコミ：「そっちの方が問題なんですよ！」

会社からの内定取り消しというのもあります。ただ、入社辞退と内定取り消しとの比較で見ると、圧倒的に会社側が不利です。まずは民法の規定が前提となっており、「当事者が雇用の期間を定めなかったときは、各当事者は、いつでも解約の申入れをすることができる。この場合において、雇用は、解約の申入れの日から二週間を経過することによって終了する。」（民法第627条）と定められています。内定辞退については、この規定がそのまま適用されることになり、２週間前に申し出があった場合有効に辞退が成立します。なお、仮に２週間以内の申し出でもよっぽどの理由がない限り責任追及をすることは難しいとも言われています。

　一方で会社からの内定取り消しの場合は、民法の規定が当然に適用されることはなく、民法の特別法である労働基準法の「解雇」が適用されることになり、同じような立場で考えることは、全くできないので注意が必要です。

　結果として、そんなに発生するわけではないですが（しても困ります）、内定辞退を完全に防ぐことは難しいですし、会社側からの内定取り消しはよりハードルが高いということになります。したがって、採用通知日から入社日までの間に積極的にアプローチして関係構築をしておくことや入社承諾書で内定辞退を防ぐといったことがやっぱり大事になってきますよ！

第2章

ボケとツッコミで分かる

「給与・待遇」

■管理職になると給与が下がると不満が出た⁉

ボケ：「３カ月前に管理職に上げたのに、残業代ないので給与下がって不満や言うてくるんや、今更言われてもやな」
ツッコミ：「それはそうですね。同情の余地はありますが、最初にしっかり説明して同意を得ていたのでしょうか？」

解説：
　本当は、今までの仕事への姿勢や会社への貢献、それと人間性から会社と一体の立場で頑張ってくれると見越し、期待して任命した方でしょうし、残業代といった一般職の立場としての発言は、青天の霹靂で『なんでやねん……』と突っ込みたくなるのは分かります。しかし、一般の従業員と管理職とでは立場も大きく変わりますからね。
　一般職であれば残業代が支給されるが、管理職になれば残業代の支給がなく、月額給与が逆転してしまうようなケースは、管理職の一歩前まで来ると、月額給与もそれなりに高くなっていますし、付随して残業代計算の単価が上がり、残業代自体が高くなっている状態なので、起こりやすいですね。
　したがって、あらかじめ職責だけでなく、時間外労働の扱いといったこと、それに伴って月額の給与は下がる場合があるかもしれないが、会社業績による賞与を含めた年収ベースで見れば一般職よりも上回る設定になっていることなど（このような仕組みが多いです）、管理職になるメリットも含めた詳細部分の説明をし同意を得てから任命した方が良かったのでは？　と思います。

ボケ：「まあ、わかってくれる思ったんやけどな、管理もおおざっぱでええ側面もあったし」
ツッコミ：「名ばかり管理職とかあるんで注意も必要ですよ！」

　おおざっぱというのは、労働時間等の適用除外となる労働基準法上の管理監督者として扱うということですが、管理監督者として扱えば、時間外労働を含めた労働時間、休憩、休日労働は労働基準法が適用されないことになります（深夜労働：午後10時～午前5時は適用除外ではないので注意）。したがって、その要件に該当するかどうかの確認も必要です。
　厚労省の基準によると経営者と一体的な立場である者をいうとされており、合わせて次のような基準があります。

- 労働時間、休憩、休日等に関する規制の枠を超えて活動せざるを得ない重要な職務内容を有していること
- 労働時間、休憩、休日等に関する規制の枠を超えて活動せざるを得ない重要な責任と権限を有していること
- 現実の勤務態様も、労働時間等の規制になじまないようなものであること
- 賃金等について、その地位にふさわしい待遇がなされていること
  　※厚生労働省「労働基準法における管理監督者の範囲の適正化のために」より

　このあたりの要件に適合しているのか確認はできていたのでしょうか？　今回のようなケースで仮に一般従業員であったと

主張をしてくると上記のような基準が争点となり、労働基準法上の管理監督者性を否定されたうえ、残業代の未払いが発生したというケースもあります。いわゆる「名ばかり管理職」というやつですね。

したがって、労働時間等の適用除外とするには、より慎重な見極めが必要になります。もちろん、管理職としつつ、労働時間等の適用除外としないという運用は、何ら問題ない話ですが。

とはいえ、結果論を言っても仕方ありませんので、まず労働基準法上の管理監督者として扱うのであれば、上記の基準に適合しているか判断すること。該当しているのであれば改めて条件面の説明、それから、ここが一番重要かと思いますが、管理職として任命した経緯、担ってもらう職責、責任と権限、期待などを伝えて管理職としてやってくれるのかの覚悟を再確認することですね。また、望ましくは待遇面の納得も得つつ解決を図っていきましょう。

■残業代抑止になる手当がある⁉

ボケ:「通勤手当や住宅手当、家族手当なんかは残業代の計算に含まへんやろ。せやから、従業員ごとに適度に手当を分散しとったんやけど、最近従業員も増えてきて、『自分はなんでこの手当がないのですか？』とか、ややこしいことになってきたんや」

ツッコミ:「やっぱりその名称の手当をつくったら、公平公正に支給しないと不満がでますよ！」

解説：

確かに労働基準法では、時間外労働手当（残業代）計算の基礎に含めない手当（除外賃金）があり、次のとおりとなっています（労働基準法施行規則第21条）。

- 家族手当　■ 通勤手当　■ 別居手当　■ 子女教育手当
- 住宅手当　■ 臨時に支払われた賃金　■ １カ月を超える期間ごとに支払われる賃金

　これらの手当が除外賃金として挙げられています。直接労働の対価とはいえない手当を対象としているわけですね。また、そもそも、時間外労働手当の一部である固定残業手当も計算の基礎には含めません。

　とはいえ、これらの名称の手当であれば全て除外賃金になるのではなくて、例えば、通勤手当は従業員の通勤距離に関係なく支給している場合、住宅手当は持家、賃貸の相違やかかる費用の違いに関係なく一律に支給する場合、家族手当も扶養家族の人数に関係なく支給している場合については、除外賃金とは認められないとされています。残業代抑止のために手当の名前だけ作って支給するのを防ぐ意図があることが明らかかと思います。まず、この点から見ても今の手当の支給方法では、除外賃金とは認められない可能性があります。

　また、従業員が増えてきて手当の支給方法に不満があるという背景も見えますので、手当を整理して、基本給に組み込むということは考えられますね。

ボケ:「基本給にしたら賞与が増えてまうわ！　ほんで、やっぱり残業代の方も可能な範囲で……」
ツッコミ:「とすると手当の適正な支給基準を作らないといけないですね！」

　賞与額があまり増えないように基本給を抑え気味にして手当を分散している場合の賞与決定法は、どんなケースかというと、こんなケースです。

　　【賞与決定方法】基本給×○カ月

　確かに手当を分散することで、基本給の額を低く抑えることになり賞与額を抑制することができますね。
　そして、既存の手当も生かしつつ、基本給の上昇も可能な範囲で抑えたいということであれば、手当の明確な支給基準を作って、対象者には支給するということが必要になります。
　除外賃金は適正に運用している限りにおいては有効なので。
　それぞれの見直し方法については、次のとおりです。

　　　通勤手当……税法上の非課税限度額に合わせる。
　　　　　　　　　電車など公共交通機関の利用に対しては、定期代相当額の支給。
　　　　　　　　　定期代相当額については、1カ月、3カ月、6カ月定期代をそれぞれの月で除するような支給方法もある。
　　　　　　　　　自動車等の使用に関しては、通勤距離に応

第2章 ボケとツッコミで分かる「給与・待遇」

区　分		課税されない金額	
		改正後	改正前
①交通機関又は有料道路を利用している人に支給する通勤手当		1カ月当たりの合理的な運賃等の額（最高限度**150,000**円）	1カ月当たりの合理的な運賃等の額（最高限度100,000円）
②自動車や自転車などの交通用具を使用している人に支給する通勤手当	通勤距離が片道55km以上である場合	31,600円	同　左
	通勤距離が片道45km以上55km未満である場合	28,000円	同　左
	通勤距離が片道35km以上45km未満である場合	24,400円	同　左
	通勤距離が片道25km以上35km未満である場合	18,700円	同　左
	通勤距離が片道15km以上25km未満である場合	12,900円	同　左
	通勤距離が片道10km以上15km未満である場合	7,100円	同　左
	通勤距離が片道2km以上10km未満である場合	4,200円	同　左
	通勤距離が片道2km未満である場合	（全額課税）	同　左
③交通機関を利用している人に支給する通勤用定期乗車券		1カ月当たりの合理的な運賃等の額（最高限度**150,000**円）	1カ月当たりの合理的な運賃等の額（最高限度100,000円）
④交通機関又は有料道路を利用するほか、交通用具も使用している人に支給する通勤手当や通勤用定期乗車券		1カ月当たりの合理的な運賃等の額と②の金額との合計額（最高限度**150,000**円）	1カ月当たりの合理的な運賃等の額と②の金額との合計額（最高限度100,000円）

国税庁「通勤手当の非課税限度額」より抜粋

　　　　　じた非課税限度の上限額の範囲。
　　　　　非課税限度額を超える部分は、課税所得になる点は注意。

　　住宅手当……持ち家をもっている者と賃貸住宅に入居している者で手当額を分ける。
　　　　　住宅費用×〇％というような計算方法は合理的。

　　家族手当……扶養の基準を決める（税法上の扶養か健康保険上の扶養か）。
　　　　　配偶者、子供、その他家族で、手当額を分ける。
　　　　　例）配偶者10,000円　子5,000円（1人につき）

　なお家族手当に関する最近の動向としては、共働きが進んでいる一方、保育園や教育費用等子育てに関する費用が増加していることもあって、配偶者手当を減少させ（或いはなし）、子供手当を手厚くしているようなケースもあり、例にとらわれず、様々なバリエーションも可能かと思います。
　ここまで取り決めれば、支給対象者は明確になりますし、公平性も増しますね。
　とはいえ、見直し対象となる者が多く影響が全体に波及するのであれば、誰の基準に合わせて手当額を決めるかという部分はあると思いますし、結果として給与原資が思った以上に増加することも考えられます。また逆に個別の従業員によっては給

与の総額が減少してしまう結果になる可能性もあります。
　いずれにしても変更が大がかりになる場合は、全体説明に加え、給与額に不利益を被る者に対して、個別の説明と変更に対しての個別同意が必要になってきます。
　それでも不満が出そうなのであれば、一定期間（3年程度とか）猶予期間を設けて、猶予期間中は今までの支給額を補償することや、3年をかけて減額するといった激変緩和措置を講じて、不満を取り除くことも方法ですよ。

■従業員一律の給与は不満のもと⁉

ボケ：「昇給とか基準ないし管理がめんどうな面もあって毎年一定額を従業員一律で昇給させてるんやけどな、最近、気づいたんやけど、給与明細見せ合っとんや。けしからんわ！」
ツッコミ：「給与明細を見せ合っているのはまずけしからんですが、従業員も増えているようですし、一律の対応では限界がありますよ！」

解説：
　まず、給与明細の見せ合いに関しては、就業規則の服務規律規定でルール化して禁止するというのはできなくはないですが、完全に防ぐというのは難しいですし、現実的ではないと思います。ある意味そこまで給与がオープンになっているのであれば、これを一つの機会と捉えて給与の仕組み（昇給・賞与）をきっちり作って、制度自体もオープンにした方が良いですね。また、従業員数も増加している中で一律の昇給運用という

のも限界があると思います。

ボケ：「そうなんや。ほんで他の従業員と同じ昇給額や賞与では納得いかないと、不満を言うてくる従業員が出てきたんや！」
ツッコミ：「ではこのような制度導入は如何でしょうか！」

　実際、一定程度の規模になると、給与・賞与の仕組みを制度化した人事制度を導入している企業割合は比較的多いです。そもそも従業員も増えてくると、ベテランであったり未経験の新人であったりと従業員層が混在してくるので、熟練度合いにより、個々の能力差は如実に表れてきます。そのような中、一律昇給の仕組みでは、優秀な人材からすると不満に感じると思います。そういったことが遠因となって退職に繋がる可能性もあります。

　会社としては、優秀な人材に退職されるのが一番困ると思います。それに面倒と言いながらも心情的には、頑張っている人ほど、利益を還元したいのが本音ですよね！　で、そのような問題点を一定程度解決できる制度が人事制度ということになります。

　ざっくり説明すると評価基準を作って人事評価を行います。同様に給与・賞与の支給基準を作ります。そして人事評価に基づく評価結果を、昇給幅や賞与額にリンクさせます。もちろん評価の高い従業員の給与・賞与が良くなる仕組みにします。

　この人事評価には別の側面から、例えば従業員教育に活用することも可能です。人事評価の項目に、会社が従業員に求める

第2章　ボケとツッコミで分かる「給与・待遇」

（評価シート例）

評価項目	定義	評価基準				
		1	2	3	4	5
規律性	遅刻・欠勤がなく、協調性をもって業務に取り組んだか	勤務の意識が欠如し遅刻・欠勤があった	遅刻・欠勤はなかったが、職場の秩序を乱しうる行為が見られた	秩序を乱すことはなく、遅刻・欠勤もなかった	遅刻・欠勤なく就業前の事前準備もできていた	事前準備もできており行動も他者の見本になるものであった
協調性	職場内の人間関係や和を乱すことなく、連携を取って仕事ができていたか	人間関係又は職場の和を乱しうる行為があり、連携もとれていなかった	人間関係又は職場の和を乱すことはなかったが連携不足が見られた	人間関係や職場の和を乱すことはなく、一定の連携はとれていた	積極的に人間関係に気を配ることにより職場の和を保とうとしていた	人間関係も良好で職場の和を保ち、積極的に他部署との連携も取れていた
積極性	仕事に対して前向きな姿勢で取り組み、不平不満を言うことがなかったか。また、新しい業務に積極的に取り組む姿勢があったか	仕事に対して前向きな気持ちが見えず、また不平不満を漏らしていた	前向きな気持ちはあり、不平不満を漏らすこともなかったが、積極的ではなかった	前向きな気持ちがあり、不平不満を漏らすこともなく、積極性も見えていた	仕事に対して積極的な姿勢があり、新しい業務に取り組めた	仕事に対して積極的な姿勢があり、新しい業務をこなした
コスト意識	常にコスト意識をもって仕事に取り組めたか。また、行動に表れていたか	コスト意識に欠けており、コストが不必要に高くなるケースが見られた	意識して取り組んではいるが、具体的な成果はなかった	コスト意識に取り組んでおり、最低限の行動・実績があった	効果的なコスト管理により具体的なコスト削減の効果が出ていた	コスト管理意識が他者への模範となり部門全体で改善効果をあげていた
報告力	上司への報告連絡相談ができていたか	上司への報連相をたびたび怠ることがあり問題が生じた	上司への報連相を怠ることがあった	上司への報連相を怠ることなくできていた	上司への報連相も的確にできていた	上司への報連相を的確に行い業務に活かされた

内容を盛り込むことで、従業員からすると何を求められるかが明確になります。また、評価が良くなれば求められる内容をクリアすることになり、成長実感を得ることに繋がります。

　また、ランクも作ってランクごとに求める役割や職責を定義

（等級例）

階層	等級	役職	定　　義
管理職	5	部長	会社の基本施策や方針決定に参画するとともに、経営トップを補佐し、かつ部署レベルの組織運営を統括管理する
	4	課長	会社の施策や方針について部長の指示に基づき、課の組織業務について、自主的に運営し、責任をもって部下を管理する
監督職	3	係長 主任	担当業務の方針について課長の指示を受け、その業務において、自己の判断に基づき部下を指導しながら、計画的に担当業務を実行し、課長を補佐する
一般職	2	－	監督職の指示を受け、その定められた業務について、高い実務知識・技能・経験に基づいて、主体的に行動し、かつ後輩を指導しつつ、遂行する
	1		定められた業務手順、上司の指示に従い、高度な経験を必要としない単純な定型的業務を遂行する

していきます。ランクが上がれば昇格とし、昇格を重ねることで最終的には管理職に昇進するようなキャリアアップの制度と紐づける（等級制度）とより良いですね。このように設計していくことで、将来的な管理職候補の人選にも使えます。会社組織の未来図を描けると思います。

　ここまでオープンにしておけば、他の従業員との給与差も一定程度説明しやすくなるので、納得性も高まってくると思います。また、自分がどのようにしていけば給与が上がっていくかを考えさせることにもなるわけですね。
　日々漠然と仕事をして皆同じ給与というよりも良いと思いますし、結果として、皆がより高い目標をもって頑張っていくことにも繋がる可能性があります！

■意外に難しいパートさんの昇給⁉

ボケ：「最近はパートの採用も増えてきてな。ほんで正社員のように昇給ないのか？　言うてくんのや。なんや基準がわからんけど300円くらいでええわな⁉」
ツッコミ：「時間給ですからね！　300円を月に換算したら、けっこうな金額になりますよ！」

解説：
　正社員の月給と違いパートさんの昇給は安易な対応をしがちです。以前はパートさんには昇給がないというケースもそれなりにありましたが、人の確保や同一労働同一賃金、それから最

低賃金が年々引き上がっている影響もあって、パートさんの昇給も当たり前のようになってきています。昇給自体は良いことだと思いますが、昇給額は慎重に考えないと、時間給のマジックに引っかかってしまいますよ。

　まず、300円ですが、ぱっと見は大きな額ではないですね。ですが、ここが落とし穴で、時間給って言っても給与自体は各月ごと集計して支払うことになりますよね。仮に月100時間くらい働いてもらってるパートさんのケースで、試算してみると次のようになります。

　（昇給前）
　パート従業員：時間給1,100円×100時間＝110,000円

　そして、時間給の昇給額を300円とします。すると、

　パート従業員：時間給1,400円（昇給後）×100時間
　　　　　　　＝140,000円

　なんと月に換算したら30,000円となります。中小企業や小規模企業で考えると中堅の正社員でもこんなに上がるのはまれだと思います。また、パートさんは基本的に正社員より労働時間も短いのに、月単位で見たらこれですから、正社員との逆転現象が起きてしまいますね。このように見ると結構なインパクトになります。

ボケ：「えらいこっちゃな！　時間給も考えてやらな取り返し

つかんことになりそうやな」
ツッコミ：「パートさんごと見込時間で計算すればある程度の
　UP額が計算できます」

　パートさんは基本的には一時的な雇用だと考えても、増員していく中では、安易な感覚で昇給せず、月当たりの見込労働時間を算出し、昇給額を掛けて、月当たりどれくらい給与が増加するか確認してから昇給を決定することが望ましいですね。

　　例）
　　Aさん：昇給額50円×見込月労働時間60ｈ＝月当たり昇
　　　　　給額3,000円
　　Bさん：昇給額50円×見込月労働時間70ｈ＝月当たり昇
　　　　　給額3,500円
　　Cさん：昇給額40円×見込月労働時間50ｈ＝月当たり昇
　　　　　給額2,000円
　　≦ 比較
　　正社員の平均昇給額　5,000円

　正社員の昇給額を目安として昇給額を決定するのが良いと思います。また、パートさんに関しては、配偶者や親の扶養の範囲内での労働を希望しているケースがあります。ここにも、もう一つの昇給の落とし穴があります。勢いよく昇給し過ぎてしまうと、扶養範囲の上限額に達するのが早くなって、結果として年間の労働時間が減少することになります。特に、税法上の扶養の基準は毎年1〜12月なので、『猫の手も借りたい年末の

忙しいときにパートさんが年収ストップかかっとる！』という、思いもよらない結果になることもあるので注意が必要ですよ。

　これは、年収の壁と言われています。ただし、社会保険（健康保険・厚生年金保険）の扶養に関しては令和5年10月から一定の条件のもと事業主の証明により、扶養の範囲を超えても引き続き扶養としての認定を受ける制度が導入されています。

第3章

\ ボケとツッコミで分かる /

「有給休暇・他休暇」

■有給休暇を認めろと、従業員に迫られる⁉

ボケ:「有給休暇ってのは、病気で休む場合の保険みたいなもんと考えてやっとんやけど、最近入社した従業員が、『なんで有給休暇ないんですか!』と抗議してきて、有給休暇のパンフレットを職場にばらまきよったんや」

ツッコミ:「従業員のやり方には問題がありますが、そもそも有給休暇は取得させないとダメなんですよ!」

解説:

　有給休暇を取得されたら仕事が回りませんというのは中小、特に小規模の会社だと、少ない人員で業務を回しているので、よくある話ですね。一方病気で休みとなった場合に、有給休暇を充てることで給与を補填するというのも一定の合理性があるので分かります。でも、労働基準法では業種、人員規模問わず「労働者が請求する時季に与えなければならない(労働基準法第39条)」とされており、労働者の権利としています。正社員だと入社後6カ月経過後(出勤率80%以上)に10日発生します。その基準日から1年後に11日といった具合に付与日数が増えていき、6年6カ月経過後には20日発生します。取得しなかった有給休暇は翌年に繰り越すことができるので、最大40日になるケースもあります。

勤続年数	入社6カ月	1年6カ月	2年6カ月	3年6カ月	4年6カ月	5年6カ月	6年6カ月
付与日数	10日	11日	12日	14日	16日	18日	20日

　入社から6年6カ月を経過した中堅クラスの従業員が全部有

第3章　ボケとツッコミで分かる「有給休暇・他休暇」

給休暇を取得すると年間休日＋20日は休むということになります。そうなると年間の3分の1くらいは休みみたいなものですね!?　それでも今までは権利と言っても取得しなかったら時効で当然消滅し（2年の時効はありますが）、それでなんのお咎めもなかったのですが、働き方改革の一環で2019年4月以降、年10日以上付与される労働者については、年間5日間の取得義務も法制化されています。

　つまり、今後はこれまで取得しなかった従業員についても取得しないとダメになったということです！　取得しない、又は取得したくない！　という従業員に対しても、取得を促すことや会社から時季を指定（強制化）するようなケースもあり得ます。

　余談ですが、このような世の中の動きに合わせて、有給休暇の残日数を給与明細に明示するような形式も増えています。しかし、更新時期のタイミングを失念すると、すぐに『有給休暇が増えてませんが！』とツッコミが入ることも多く、最近では給与明細上の質問として、残業代に関することよりも有給休暇の残日数等に関することの方が多いくらい、有給休暇への関心が高いというのは、肌感覚で持っています。

ボケ：「取られるくらいやったら買い取るほうがええけどな！」
ツッコミ：「消滅分に関しての買い取りはあり得ますが義務化の部分は別の対応が必要です！」

　有給休暇の買い取りに関しては、次の場合、可能とされています。

- 時効で消滅する日数分
- 退職により取得することができない日数分

　在職中であれば、時効消滅分が該当しますね。従業員さんによっては、すべての日数分有給休暇を取得する気がなく、働いている方が良いという方もいますので、有給休暇買い取りにより金銭の支払いを受けることが喜ばれることもあります。また、有給休暇をすべて取得する従業員との公平性も一定程度図られるのではないかと思います。
　なお、買取額について特に取り決めはないので、1日分の賃金を支払うか一定割合の金額を支払うといった方法が考えられます。
　ですが、有給休暇の取得が義務化されている年間5日の部分を、買い取りで対応することは、本来の趣旨に反するので問題があります。

　有給休暇の取得に関しては考え方次第とも思います。実際、有給休暇の取得率が高い方が従業員の満足度も高いというのは調査等ではっきりしています。この人手不足のなか、正社員が有給休暇を取れないから休みが少ないと言って退職となってしまうのは困るでしょう。今後は有給休暇の取得を前提とした人員配置を考えていく必要もあると思います。特に今回のようなケースでは他の従業員へも影響が出る可能性が十分にありますので早めに対応した方が良いですね。
　当面すぐの対応が難しいようなら、年次有給休暇の計画的付与制度の導入は検討できると思いますよ。

第3章　ボケとツッコミで分かる「有給休暇・他休暇」

　これはどういう制度かというと、まず会社の休日が実質増えることになるのはご容赦いただきたいですが、1年のうち一定日数の有給休暇取得日を労働者代表との間で取り決めて、計画的に有給休暇を取得させるという制度です。このようにしておけば、所定の休日と同様の結果となりますので、稼働している1日の中で業務に支障が出るということはなくなります。

　例)

| 夏季や年末年始に計画的付与の年次有給休暇を組み合わせることで、大型連休とすることができます。この方法は、企業や事業場全体の休業による一斉付与方式、班・グループ別の交替制付与方式で多く活用されています。 |

8月						
日	月	火	水	木	金	土
				1	2	3
4	5	6	7	8	9	10
11	12	13	14	15	16	17
18	19	20	21	22	23	24
25	26	27	28	29	30	31

カレンダーの例
　□　年次有給休暇の計画的付与
　■　所定休日
　計画的付与を活用し、連続休暇に

年次有給休暇付与計画表による個人別付与方式

厚生労働省「年5日の年次有給休暇の確実な取得　わかりやすい解説」より

　あと、計画的付与で取得した有給休暇の日数は、年間5日間の取得義務の部分にも対応できるので、法対応としても有効です。
　そして、有給休暇の不備に関する対応が終わったら、今回の従業員の行動は職場規律違反に該当する可能性がありますので、就業規則に沿って何らかの処分の是非への検討に移りましょう！

■退職時の有給休暇請求の対応はどうするか!?

ボケ:「先日従業員が退職したい言うてな。引き留めたけど、意思も固かったし、『業務引継ぎはちゃんとしてや！』と言うたんや。けど、何のことはない、次の日には有給休暇が余ってるんで『退職日まで全部使って辞めたい』言うてくるんや、そらあかんわ！」

ツッコミ:「その通りです。業務引継ぎの協力ぐらいしてほしい!!　ですが……一方、有給休暇も権利でして」

解説：

　これは実際なかなか対応が難しいので交渉ということも頭に入れて対応する必要があります。それと、業務引継ぎと本人の主張を切り分けて整理するのがミソです。まず、退職時の有給休暇の原則的な扱いですが、仮に業務の引継ぎを優先してもらい、有給休暇をすべて消化せず残日数が発生した場合、退職日をもって当然にすべての残日数が消滅することになります。会社としては、こちらが望ましいところですね。

　また、通常有給休暇のまとまった申請があった場合、業務に支障がでますよね。なので、実務的にはまとまった有給休暇の取得希望がある場合は、あらかじめ事前に相談してもらって業務遂行上対応可能か、あるいは分散して取得してもらうことが可能なのか、または時季をずらしてもらうか（時季変更権）といった対応を取ることになります。

　ですが今回のように、退職が絡んでくるとややこしくなります。というのも、仮に時季を変更してもらうとしても、退職日

を過ぎてしまうと時季を変更する余地はなくなりますし、有給休暇の残日数が多い場合は、取得できる日が無くなってしまいます。したがって、時季変更権の行使は難しいですね。あと、基本的には有給休暇は労働者の権利であるということは押さえておく必要があります。

ボケ:「業務引継ぎはどうすんや！　従業員の言いっぱなしかいな！」
ツッコミ:「なので、交渉となりますが、業務引継ぎと有給休暇取得のバランスを取った対応が必要です！」

　次に、業務の引継ぎとの兼ね合いですが、まず有給休暇を全部取得すると主張するなら、『一体どこで業務引継ぎをしてくれるんや？　もう辞めるからと言っていい加減なことしなや！』となりますよね。
　そんなケースを想定して、就業規則に退職時の業務引継ぎに関するルールを設けていることが多いです。抑止効果はそれなりにあると思います。
　規定例としては、

　　第〇条（業務の引継ぎ）
　　①退職日までに所定の労働を行い、後任に業務を引き継ぐこと
　　②業務の引継ぎを行わなかった場合で会社に損害が生じた場合は懲戒処分を行う或いはその損害を請求する
　　③業務の引継ぎを行わなかった場合は、退職金を減額する

ことがある

　このような内容で規定化されています。今後はこのような抑止策を取っておくということも一つですね。
　とはいえ、実際に規定通り行使するうえでは、損害の賠償を求めるといっても、勝訴できるかは別問題ですし、民事訴訟の手間や時間、金銭的な負担も考えるとかなり費用対効果が悪いと思われます。
　なので、抑止策は抑止策として、今回のようなケースが発生した場合、譲れるところは譲って落としどころを探る方が良いのではないかと思います。
　ここからが交渉となります。まず、業務引継ぎをしっかりやってもらって、有給休暇の残日数分退職日を後にずらすというのが一つの方法ですね。ただ、この方法は転職先が決まっており、かつ入社日も決まっている場合で、退職日を変更できないケースでは、使えません。
　次に、退職日をずらせない場合の対応ですが、お互い少しは譲歩しましょうという方法です。会社としては重要な業務引継ぎは優先的にやってもらい、一定の勤務はしてもらいます。そのうえで、簡易な業務引継ぎは書面やメールで作成してもらいます。そして、有給休暇の残日数のうち一定日数の有給休暇取得を認めるという方法です。全ての有給休暇の取得が無理でもある程度は有給休暇を消化できるやり方です。この程度は相手にも理解してほしいところですね！

　なお、従業員から交渉してくるケースもあります。どういう

ケースかというと、転職先は決まっているが、転職先で働きつつ、当社の退職日をずらして有給休暇取得に充てるという二重取りのようなことです。これでいくと、当社と転職先でどちらにも雇用が発生する期間が生じます。つまり副業ということになり得ますね。この場合、転職先が副業を認めているのかということもありますし、社会保険（健康保険、厚生年金保険）の加入にも絡むことがあるので対応上の注意点となります。

　このように交渉して、対応するのが現実的なところです。後は、業務引継ぎに対して特別手当（仮に有給休暇を取得した場合の賃金相当分とか）を支給する、あるいは、使用しきれなかった有給休暇の残日数の買い取りを交渉に加えるというのは実際あります。

　なお、別の観点からになりますが、有給休暇残日数分の取得を見越し、退職の申し出期間を、退職日前の２〜６カ月の間で、就業規則に規定化しておくのも、後任の確保や業務引継ぎを円滑に進めるための方法になり得ます。

　最終的に、ほとんど話にならないほど、非協力的であり交渉が進まないのであれば、規定に基づいて損害賠償を伴わない処分の一つである、退職金の減額は考えても良いのではないかと思います。
　まあ、「立つ鳥跡を濁さず」でしっかり『業務引継ぎしてほしいわ！』ってところですが、『辞めるもんに有給休暇はないわ。取りよったら損害賠償請求や！』みたいな極端な考え方は

しない方が良いですね。

■パートさんへ有給休暇は必要!?

ボケ：「パート従業員が『有給休暇はないのですか？』言ってきたけど、そもそも、パートは来たい日だけ来てもらってるんやし、有給休暇なんかないわな」
ツッコミ：「そうでもないです。雇用形態に関係なく有給休暇の権利はあるんですよ！」

解説：
　もともと短時間で仕事しているパートさんに『有給休暇って腑に落ちひんわ！』というのは、古い発想ですね。根本的には雇用契約があり、所定の労働日数があれば、パートさんにも有給休暇が付与されると労働基準法で規定されています。ただ、ちょっと違うのは、正社員（常勤）と同じ日数を付与するわけではありません。

【原則】

勤続年数	入社6カ月	1年6カ月	2年6カ月	3年6カ月	4年6カ月	5年6カ月	6年6カ月
付与日数	10日	11日	12日	14日	16日	18日	20日

　別の項でも触れましたが、これが労働基準法上の有給休暇の付与日数です。また、取得しきれなかった日数については、翌年に持ち越しすることができるとなっています。
　対してパートさんの有給休暇付与日数は、所定の労働日数で

決まります。これは比例付与と言われています。ただ、パートさんでも、正社員に準じて週5日労働している場合や週30時間以上労働している場合（社会保険に加入しているケース）は、正社員と同様の付与基準になるのは注意したいところです。

【比例付与】

年間所定労働日数	週所定労働日数	入社6カ月	1年6カ月	2年6カ月	3年6カ月	4年6カ月	5年6カ月	6年6カ月
169〜219日	4日	7日	8日	9日	10日	12日	13日	15日
121〜168日	3日	5日	6日	6日	8日	9日	10日	11日
73〜120日	2日	3日	4日	4日	5日	6日	6日	7日
48〜72日	1日	1日	2日	2日	2日	3日	3日	3日

　この表の見方ですが、シフトとかで毎週○日とか○曜日とか所定の労働日が決まっているのであれば、「週所定労働日数」欄の基準で見ます。一方、勤務が不規則な場合の対応としては、「年間所定労働日数」欄で見ます。今回のケースは好きなときだけ出勤しているとのことなので、年間労働日数で付与日数を算出していくのが妥当ですね（※取得しきれなかった日数を翌年に繰り越しできるのは原則と同じ）。

　こうやって見ると法律上は、むしろパートさんの方が細かく設定されているわけですね。このことからも、『パートさんは有給なしや！』なんて、大手を振っては言えませんよ。

　改めて、表をよく見てお気づきだと思いますが、常勤でなく労働日数が少ないパートさんは労働日数を基準に比例付与されるので、正社員と同じ日数が付与されるわけではないのです。雇用形態によっては、付与日数が少ないことがあるのが特徴で

す。それでも懸念点としては、『正社員よりパートの方が有給休暇を取得しそう』とか、『付与された日数全部使ってしまいそう』といったところですかね。

　そのような対応策としては、社内のルールとして正社員と同様に、事前申請のルール（当日の有給申請は避けてもらう）とか、パートさんでも突然の休暇取得となれば、業務運営上に支障もでるので、繁閑に合わせて取得してもらうといった方法も一つです。また、業務の代行をしてもらう他の従業員への引継ぎをしっかりしておくことを申請ルールとするとか、強制力のない程度で協力してもらうということは考えられるところです。

　それでも、パートさんは女性でかつ子育て中の方も多く、子供のことで休まざるを得ないことが度々発生するわけですね。そんな女性層がパート採用の中心となれば、有給休暇を柔軟に取得できる、或いは少なくとも有給休暇の制度があります（当然あるのですが）、としておいた方が、心理的な安全性が高まると思います。

　厚労省の「パートタイム・有期雇用労働者総合実態調査（令和３年）」を見るとパート労働者（女性）の不満の３番目に休暇を取りにくいというのが挙げられています（１．賃金が低い。２．業務量が多い。これはこれでですが……）。したがって、退職を防ぐ一つの策に繋がることも考えられます。

　実際、短時間といった限られた時間で労働する者の方が、無駄話も少なくきびきび仕事しているという声も聞きますので（意外と正社員というのは無駄な時間の使い方も多い）、メリハリをつけて休んでもらうというのは、考え方によっては良いの

かなと思います。

 もっというと、思いきって誕生日休暇といった特別有給休暇制度を導入するのも一つかと思います。誕生日は年に1日なので、年間1日休暇が増えることくらいそこまで負担でもないと思います。それで喜んで働いてもらえるのであれば何よりです。導入されている会社では思いのほか、評判も良いのでお勧めしておきます。

ボケ:「ほな、有給休暇取得したときの給与はどう払うんや！丸々払うのも痛いなぁ」
ツッコミ:「パートに限らず有給休暇取得時の給与の支払方法は決まっています」

 有給休暇取得時の給与の支払方法については、次の三つの方法があります（労働基準法第39条及び厚生労働省令）。

　①労働基準法に規定する平均賃金
　②所定労働時間労働した場合に支払う通常の賃金
　③健康保険法に定める標準報酬日額

 雇用契約で、所定労働時間を定めているのであれば、②の所定労働時間分の支払方法が簡単ですが、そもそも所定労働時間を明確に決めていないのであれば、決まったものがないので、①の労働基準法に規定する平均賃金で計算するのが妥当ですね。ちょっと計算が手間なのが難点ですが、実質は総日数（総暦日）で日割するようなものなので、大きな声では言えません

が、②で計算するよりリーズナブルになることもありますよ。

　【基本的な平均賃金の計算方法】
　算定すべき事由の発生した日以前3カ月間にその労働者に対し支払われた賃金の総額を、その期間の総日数で除した金額（労働基準法第12条）。
　平均賃金 ＝ 3カ月間に支払われた賃金の総額／3カ月の
　　　　　　総日数
　注）例外の計算方法もあります。

　なお、「発生した日以前3カ月間」というのは、給与締め日単位で見ます。
　最低限このような感じで対応しないといけないですね。
　それともう一つ注意点があって、パートさんでも年10日以上有給休暇が付与される場合は、年間5日間の取得義務の対象になりますので、こちらも気を付けておきたいところです。

■有給休暇の時季変更権の行使は可能か⁉

ボケ：「最近えらい忙しいんやけど、そんな中2日間連続して有給申請する奴がおってな、まあしゃあないかと耐えとったんやけど、数日もしないうちにまた、連続した有給休暇申請してきよってな、これは時季変更権の行使やわ！」
ツッコミ：「時季変更権！　って勇ましい会社の権利に見えますけど、なんでもかんでも行使できないのですよ」

第3章　ボケとツッコミで分かる「有給休暇・他休暇」

解説：

　そもそも、『この忙しい時期に有給取るなんて、会社の状況を考えてくれへんか！』というのも、もっともなところですが、それは一旦脇に置いておき、労働基準法上の有給休暇は一定の要件を満たした労働者の権利として、制度化されています。さらに「労働者の請求する時季に与えなければならない」（労働基準法第39条）とされています。したがって原則は、請求したらいつでも取れるのが前提としてあります。

　ところがその後にこんな一文があります。
「ただし、請求された時季に有給休暇を与えることが事業の正常な運営を妨げる場合においては、他の時季にこれを与えることができる」これを、時季変更権と言います。

ボケ：「ほな忙しい時期に欠員出るちゅうことは、事業の正常な運営を妨げることに当たるわな！」
ツッコミ：「ところがこれにもちょっと待ったがかかります！」

　だから時季変更権！　とするのは早計です。また、時季変更権という名称のとおり、有給休暇申請自体を却下できるものではなく、別の日に変更を求めるということは注意しておきたいところです。

　基本的には労働契約において労働を提供する義務があるので会社が忙しいときはお互い協力してやっていきたいところです。まずは本人にちゃんと説明したら理解してくれて、違う日に変更してくれるかもしれないですが（時季変更権が問題なく進むケース）、そもそもそれがわかる人なら、空気を読んで業

務に合わせた有給休暇の計画を立ててくれると思います。でも、空気が読めない（読む気がない）、あるいは忙しいのがわかっていてしんどいからあえて有給休暇を申請する従業員もいるかもしれません。また、緊急の用事が入ったりしてやむを得ずということもあり得ます。

となると、業務の繁忙にかかわらず有給休暇の申請を求めてくるわけですね。そこで、この時季変更権との兼ね合いが出てきます。

その時季変更権ですが……。

労働基準法上は規定文のみなので、裁判例を参考にすると、まずは、今回のような繁忙期による欠員の発生の場合ですね。

欠員の発生はすなわち、事業の正常な運営に支障をきたすとは、その通りのケースもあります。ただし、それだけをもって時季変更権を行使すると、追い追い問題になる可能性があります。『なんでやねん！』ですが、会社には有給休暇の申請があっても業務が回るように工夫するとか、申請者の業務を代替するような人員を確保することが求められているということです。つまり、欠員が出たとしても、まずは会社の自助努力で何とかしてください、と暗に言われているわけなんです。

別に有給休暇に限らなくても、病気とかで欠勤することはありますよね。その場合に、多少他の従業員に負荷がかかっても業務が回っているのであれば、今回のようなケースでも時季変更権を行使することは難しいとなります。もちろん行使すること自体がダメではないですが。

次に連続した有給休暇の申請に対してはどうか？　です。これも、同じ理屈になっていて、連続した期間がどれくらいかと

第3章　ボケとツッコミで分かる「有給休暇・他休暇」

いうこともありますが、現実的には時季変更権の行使は難しいといえます。
　したがって、もうこの日は人員がいないと絶対（100％）に取り返しのつかない大きな問題が起こるという場合くらいしか行使できないと考えておいた方が良いですね。実際、そのような場合は、必死に『有給休暇の取得日を変更してくれへんか！』と交渉すると思います。したがって、それくらい切迫した場合ということですね。また、考え方によってはどちらが良いでしょうか。出勤者に『今日は何とか頑張ってくれ！　自分も現場出るさかい！』とした方が、組織力は高まるということもあるかもしれません。いずれにしても時季変更権の行使は最後の切り札として、考える方が良いですね。

ボケ：「そもそも有給休暇ありきで考えていかなあかんかもしれんな！」
ツッコミ：「そうですね。あるものだとしつつ、繁忙期は避けるような仕組みとかですね」

　有給休暇の管理方法を変えるというのも一つです。国の方針でも、有給休暇の取得率を上げていくというのがありますし、有給休暇があってしかるべきと考える発想を持つことも必要だと思います。例えば、有給休暇の取得計画表をあらかじめ作成して運用してもらう方法があります。運用方法として業務の状況や繁閑を見ながら計画表を埋めていくというのが望ましいです。そもそも有給休暇というのは、心身のリフレッシュを図るというものですし、忙しいときは集中して仕事に励み、一息つ

いたところでリフレッシュを兼ねて有給休暇を計画的に取得していきます。この運用方法は本来の有給休暇の意味合いに合致しやすいと思います。

あるいは、別の運用方法として割と有効なのが閑散期に有給休暇の推奨期間を設けることです。推奨期間とするので、従業員から見ても有給休暇を申請しやすいので取得が進みます。そのような期間に有給休暇を分散させることで副次効果として、繁忙期の連続取得を防ぐことに繋がることもあります。

このように考えると休みありきになってしまうわけですが、時代の流れと言えます。

休日の増加を図りつつ有給休暇の取得率も向上させる。すると全体的な労働時間は減少に向かいます。でも一方で賃金は上昇傾向ですね。つまり少ない稼働時間でいかに利益を上げつつ、賃金で分配するかになってきます。日本の生産性は海外と比較して低いと言われてるわけですが、生産性を上げていくということも、経営者の考えとして必須となってきています。

■忌引休暇の対象になる家族の範囲は⁉

ボケ:「身内に不幸があった言うてくるもんやから、『申請は後でええわ!』と言うたんやけど、いざ申請書見たら対象の家族やなかったわ。今更、なしや言えんしな……」

ツッコミ:「なかなか掘り下げて聞きづらいとこですが、そんなに申請があるケースではないので、チェックが必要ですよ!」

第3章　ボケとツッコミで分かる「有給休暇・他休暇」

解説：
　一般的に忌引休暇の制度は、慶弔休暇の一つとして取り決めしているケースがあります。まあ本来直接会社に関係のないことですが、それをもってノーワークノーペイの原則により欠勤扱いというのも身内の不幸という、精神的に負担がかかる本人に対しては酷なことなので、福利厚生の一環として、就業規則で定めていることが多いですね。

　といっても、会社のルールである規則で定める以上、無尽蔵に申請できるものでもなく、会社が独自の基準で、対象の範囲や取得日数を決めているわけです。ちなみに、忌引休暇は法律で取得が義務付けられている制度ではなく、年次有給休暇のような法定化された休暇（法定休暇）とは別の制度に当たるので、法定外休暇と言われています。

　また、その法定外休暇に関しては、年次有給休暇のように有給であることが問われていないので、ケースとしては稀ですが、無給の休暇として運用する例もあります。

　それで、本題に戻りますが、忌引休暇の対象範囲としては、直系尊属か傍系尊属で分けることが比較的多いです。そして、直系だと本人を起点として配偶者、両親、子供に重きがあり、その上で祖父母、孫まで含めるかどうかですね。傍系に関しては一括りでまとめるケースが多いです。イメージとしては、次のような形になります。

　第○条（忌引休暇）
　1．労働者が次の事由により休暇を申請した場合は忌引休暇を与える。

①配偶者、子又は父母が死亡したとき……5日
　②兄弟姉妹、配偶者の父母又は兄弟姉妹が死亡したとき
　　……3日
　③祖父母、孫……2日
　2．忌引休暇は有給とする。

　それぞれのケースの休暇の日数差については、休みが必要な日数や負担に違いがあるから、合理的な考えだといえます。そして、たまに今回のような申請の認識で齟齬が起きるのが、傍系親族の場合ですね（おじ、おばのケースが多いです）。本人にとっては酷なことですが、そもそもそれほど申請が頻発するものではないですし、特に今回のように本人とやり取りができる状態だったのであれば、まずは申請手続き、少なくとも家族関係は確認しておかないといけなかったですね。特に従業員側からすると、そもそもどのような親族でも忌引きの対象になると思っているケースも多いです。緊急に起こることも想定して、事後的な申請を認めている規定も多いのが事実ですが、事後対応は後手に回りますからね。
　そのうえで、今回の対応ですが、事後申請の段階で会社の定める忌引休暇の対象でなかったこと、本人も規則の内容を確認していなかった事実もありますが、会社も一旦口頭で受理してしまったことを説明して、年次有給休暇への振り替えを認めるといったところが、落としどころかと思います。

第3章　ボケとツッコミで分かる「有給休暇・他休暇」

■婚姻して1年後に慶弔休暇の申請は有効か!?

ボケ：「1年も前に入籍した従業員から、結婚による特別休暇の申請があったんやけど、今更やし、却下したところ、『そんなことはどこにも書いてませんよ！』と不満言われたわ……」
ツッコミ：「申請に関するルールが記載されてないのでしたら、トラブルになります！」

解説：
とはいえ、このような事例は他の会社さんでもちょこちょこある事例です。
一般的な就業規則では、概ね次のような内容で規定されています。

　　第〇条（特別休暇）
　　1．従業員が次の各号に掲げる事由に該当し、会社がその必要性を認めたときは、当該各号に定める日数の特別休暇を与える。
　　　(1) 本人が結婚するとき……5日
　　　(2) 子が結婚するとき……2日
　　　　　　　︙

「本人が結婚するとき」って結婚に当たって何のために取得できるのか不明ですよね。結婚式の準備を目的として結婚式の近

辺で取得できるのか、または新婚旅行時に取得できるのか。以前だと、結婚式を挙げてそのままハネムーンって感じで、連続して取得するようなこともあり、この内容で良かったのかもしれませんが、最近は様々な形があります。結婚式自体を挙げない場合や、結婚式と新婚旅行を切り分けているケースもありますね。

　そうなると、今回のようにいつでも取得できるのか？　また、休暇を分割して取得することもできるのか？　ってことも考えられます。結局時代の変化に合わせて見直さないと、個別の事情の対応に苦慮することになります。上記のような規定では、従業員の言うように結婚に伴う事由が前提であれば、申請期限も明示されていないので、ある程度広く解釈して対応せざるを得ません。そのうえで、今後の対応策として、より明確性を持たせる規定案として、

　　(1) 本人が結婚するとき……5日 → 入籍の日から6カ月以内に5日
　　　また、分割して取得することはできない。

　このように規定しておけば、少なくとも1年後の申請は明確に却下となります。とはいえ、これではまだ、あーだこーだと言われる可能性があります。
　それは、会社の所定休日をまたいだ場合です。特別休暇の5日間は会社の所定休日を含むか含まないかの部分です。

ボケ：「そら、会社の休日は休みやし、当然含むわな！」

第3章 ボケとツッコミで分かる「有給休暇・他休暇」

ツッコミ：「ところが、従業員の立場としてはそうでもないのですよね！」

例えば、土日が休日の会社で、金曜日から申請があったとします。この場合、特別休暇の日数を所定休日としてカウントしない場合は、翌週木曜日まで取得できますよね。一方会社の所定休日も休暇日数に含むとしたら翌週火曜日までとなります。

でも、従業員の立場からすると、会社の所定休日は除いて取得申請してくることも考えられます。会社としては、当然所定休日も含むと考えていた場合、食い違いが生じます。

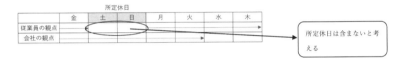

なので、もう少し規定を変形して、

(1) 本人が結婚するとき……5日 → 入籍の日から6カ月以内に5日
　　また、分割して取得することはできない。休暇の日数には会社の所定休日を含むものとする。

所定休日を含む方向で規定化するとこのようになります。これくらいきちっと規定した方が、個別ケースの対応に悩むことは減りますね。ただ、この部分はとにかく損得の話になりがちなので、公平性の観点からも検討した方が良いですね。

ちなみに本人の結婚に起因するものに限らず、

⑵ 子が結婚するとき……2日 → 子の結婚式当日とその前後1日
　　休暇の日数には会社の所定休日を含むものとする。

　こちらの規定や忌引休暇なんかも同じようなことが考えられるので、規定の見直しをした方が良いと思います！

第4章

＼ボケとツッコミで分かる／
「退職トラブル」

■雇用契約書がないと、期間満了退職も無効になる⁉

ボケ：「契約期間満了と通告したんやけど、退職を拒否されたわ。初めに契約期間あり言うたんやけど、契約書はあらへん」
ツッコミ：「契約書がないとは困りましたね。やっぱり口頭だけでは『言った言わない』になりますので！」

解説：

　これは残念の典型例です。契約期間の制度をわかって導入していたのに、肝心かなめの雇用契約書がないとは……。こういうことがあるから、まさしく雇用契約書で初めに契約期間を明示しておき、かつ契約を更新する場合の判断基準を示しておくことが重要なのです。そうしておけば、その契約期間中の状況によって、『ほらこの通り契約書の定めに則って契約期間満了により退職になるねん』と声高に言えるわけですからね。

　そのうえで、今後の対応を考える必要がありますが、採用時の求人内容はどうでしょう？　もともと契約期間の定めありで求人を出していたからこそ、契約期間があるということを本人に伝えていたと思うので、その当時の求人内容を示せば、ある程度説明の根拠にもなるでしょう。まず、これで本人に対して再度説明するところからスタートですね。わかっていると思いますが、今の時点では契約期間を定めた雇用契約書がないので、当時の求人内容をもって、『ほれ見てみ契約期間満了や！』というのは問題がありますよ！

　ここでの対応方法は次のとおりです。
『求人内容にある通り、契約期間ありやと面接のときにも伝え

第4章　ボケとツッコミで分かる「退職トラブル」

てたやろ。せやから本来は有期契約（契約期間あり）やったんやけど、契約書を準備できてへんこっちのミスもあるし、今回は一旦契約を更新するわ。それで改めて雇用契約書（有期契約で）を作成するからお互い中身を見て契約を確認しよや』

　言い回しは気を付けないといけないですが、このような説明を行い、改めて雇用契約書を作成のうえ、契約を取り交わしておくことはやってみる価値があると思います。

　ここまで、対応できれば次の契約更新時は、雇用契約書の内容をもとにして更新の可否を判断ですね！　一つ勉強になったと思って次は間違いないようにですね。また更新の可否、特に判断基準も重要な点で、一般的な契約期間更新に関する記載方法は次のとおりです。

```
期間の定めなし、期間の定めあり（　　年　　月　　日～　　年　　月　　日）
※以下は、「契約期間」について「期間の定めあり」とした場合に記入
1　契約の更新の有無
　［自動的に更新する・更新する場合があり得る・契約の更新はしない・その他（　　　）］
2　契約の更新は次により判断する。
　・契約期間満了時の業務量　　　　・勤務成績、態度　　　　・能力
　・会社の経営状況　・従事している業務の進捗状況
　・その他（　　　　　　　　　　　　　　　　　　　　　　　　　　　）
```

厚生労働省「モデル労働条件通知書」より

　以前何かのTVインタビューで雇止めされた方の『毎日遅刻もせず出勤していたのに何故……』というような発言があったのを記憶しています。そもそも毎日遅刻なく出勤するのは当たり前のこと！　は置いといて、契約更新の判断基準をあらかじめ示すことにより、このようなケースで更新しない場合の理由を雇用契約書をもとに説明することが可能になります。

あと、合わせてですが、雇用契約書には次の事項を記載する必要があります。絶対的記載事項と言われています。

(1) 労働契約の期間に関する事項
(2) 期間の定めのある労働契約を更新する場合の基準に関する事項
(3) 就業の場所及び従事すべき業務に関する事項と変更の範囲
(4) 始業及び終業の時刻、所定労働時間を超える労働の有無、休憩時間、休日、休暇並びに労働者を二組以上に分けて就業させる場合における就業時転換に関する事項
(5) 賃金（退職手当及び臨時に支払われる賃金等を除く。）の決定、計算及び支払いの方法、賃金の締切り及び支払いの時期並びに昇給に関する事項
(6) 退職に関する事項（解雇の事由を含む。）

　(1)及び(2)は先のとおりですが、こちらが最低限記載を求められる内容であり、さらに相対的記載事項と言われている、賞与や退職金など、会社で独自に定めている事項を盛り込むことで、労働条件に関する言った言わないといったトラブルを一定程度、回避することが可能になります。

ボケ：「気を取り直して、次は間違いなくやるわ！」
ツッコミ：「契約更新しない場合は、他にも注意する点がありますよ！」

契約更新しない場合で、次に該当するときは、少なくとも契約期間が満了する30日前に、その予告が必要となります。

①3回以上更新されている場合
②1年以下の契約期間の有期労働契約が更新または反復更新され、最初に有期労働契約を締結してから継続して通算1年を超える場合
③1年を超える契約期間の労働契約を締結している場合

また、更新しない（雇止め）理由について証明書を請求されたときは、遅滞なく交付する必要があります。

あと、そもそも正社員と有期契約社員の定義を就業規則において、少なくとも次のように分けておくことは、有期契約の従業員であることが明確になりますので、押さえておきたいところです。

第○条（従業員の定義）
この規則を適用する従業員については、以下の定義に基づく。
①正社員
　正規の採用手続きを経て採用された者で、基幹的業務を担い、常時勤務する者をいう。
②有期契約社員
　1年以内の期間の定めのある契約により採用された者で、補助的な業務を担い、契約期間ごと更新の有無を判断する者をいう。

(雇用契約書〈労働条件通知書〉例)

　　　　　　　　　　　　　　　　　　　　　　　　　　　　　年　　月　　日
_____殿
　　　　　　　　　　　事業場名称・所在地
　　　　　　　　　　　使　用　者　職　氏　名

契約期間	期間の定めなし、期間の定めあり（　　年　月　日～　　年　月　日） ※以下は、「契約期間」について「期間の定めあり」とした場合に記入 1　契約の更新の有無 　［自動的に更新する・更新する場合があり得る・契約の更新はしない・その他（　　）］ 2　契約の更新は次により判断する。 　・契約期間満了時の業務量　　・業務成績、態度　　　・能力 　・会社の経営状況　　・従事している業務の進捗状況 　・その他（　　　　　　　　　　　　　　　　　　　　　　　　） 3　更新上限の有無（無・有（更新　回まで／通算契約期間　年まで）） 【労働契約法に定める同一の企業との間での通算契約期間が5年を超える有期労働契約の締結の場合】 　本契約期間中に会社に対して期間の定めのない労働契約（無期労働契約）の締結の申込みをすることにより、本契約期間の末日の翌日（　年　月　日）から、無期労働契約での雇用に転換することができる。この場合の本契約からの労働条件の変更の有無（　無　・　有（別紙のとおり）） 【有期雇用特別措置法による特例の対象者の場合】 無期転換申込権が発生しない期間：Ⅰ（高度専門）・Ⅱ（定年後の高齢者） 　　Ⅰ　特定有期業務の開始から完了までの期間　　　年　か月（上限10年） 　　Ⅱ　定年後引き続いて雇用されている期間
就業の場所	（雇入れ直後）　　　　　　　　　　　　（変更の範囲）
従事すべき 業務の内容	（雇入れ直後）　　　　　　　　　　　　（変更の範囲） 【有期雇用特別措置法による特例の対象者（高度専門）の場合】 ・特定有期業務　　　　　　　開始日：　　　　完了日：
始業、終業の 時刻、休憩時 間、就業時転 換((1)～(5) のうち該当す るもの一つに ○を付けるこ と。）、所定時 間外労働の有 無に関する事 項	1　始業・終業の時刻等 　(1)　始業（　時　分）　終業（　時　分） 　【以下のような制度が労働者に適用される場合】 　(2)　変形労働時間制等；（　）単位の変形労働時間制・交替制として、次の勤務時間の組み合わせによる。 　　　┌始業（　時　分）終業（　時　分）（適用日　　　　） 　　　│始業（　時　分）終業（　時　分）（適用日　　　　） 　　　└始業（　時　分）終業（　時　分）（適用日　　　　） 　(3)　フレックスタイム制；始業及び終業の時刻は労働者の決定に委ねる。 　　　　（ただし、フレキシブルタイム（始業）　時　分から　時　分、 　　　　　　　　　　　　　　　　　（終業）　時　分から　時　分、 　　　　　　　　　　　　　　コアタイム　　　　時　分から　時　分） 　(4)　事業場外みなし労働時間制；始業（　時　分）終業（　時　分） 　(5)　裁量労働制；始業（　時　分）終業（　時　分）を基本とし、労働者の決定に委ねる。 　○詳細は、就業規則第　条～第　条、第　条～第　条、第　条～第　条 2　休憩時間（　）分 3　所定時間外労働の有無（　有　，　無　）
休　日	・定例日；毎週　　曜日、国民の祝日、その他（　　　　　　　　　） ・非定例日；週・月当たり　　日、その他（　　　　　　　　　） ・1年単位の変形労働時間制の場合―年間　　　日 ○詳細は、就業規則第　条～第　条、第　条～第　条
休　暇	1　年次有給休暇　6か月継続勤務した場合→　　　　日 　　継続勤務6か月以内の年次有給休暇　（有・無） 　　→　　か月経過で　　日 　　時間単位年休（有・無） 2　代替休暇（有・無） 3　その他の休暇　有給（　　　　　　　　　　） 　　　　　　　　　無給（　　　　　　　　　　） ○詳細は、就業規則第　条～第　条、第　条～第　条

(次頁に続く)

第4章　ボケとツッコミで分かる「退職トラブル」

賃　　金	1　基本賃金　イ　月給（　　　　円）、ロ　日給（　　　　円） 　　　　　　　　ハ　時間給（　　　　円）、 　　　　　　　　ニ　出来高給（基本単価　　　円、保障給　　　円） 　　　　　　　　ホ　その他（　　　　円） 　　　　　　　　ヘ　就業規則に規定されている賃金等級等 　　　　　　　　　[　　　　　　　　　　　　　　　　　　　] 2　諸手当の額又は計算方法 　　イ（　　手当　　　円／計算方法：　　　　　　　　） 　　ロ（　　手当　　　円／計算方法：　　　　　　　　） 　　ハ（　　手当　　　円／計算方法：　　　　　　　　） 　　ニ（　　手当　　　円／計算方法：　　　　　　　　） 3　所定時間外、休日又は深夜労働に対して支払われる割増賃金率 　　イ　所定時間外、法定超　月60時間以内（　　）％ 　　　　　　　　　　　　　月60時間超　（　　）％ 　　　　　　　　　所定超　（　　）％ 　　ロ　休日　法定休日（　　）％、法定外休日（　　）％ 　　ハ　深夜（　　）％ 4　賃金締切日（　　）－毎月　日、（　　）－毎月　日 5　賃金支払日（　　）－毎月　日、（　　）－毎月　日 6　賃金の支払方法（　　　　　　　） 7　労使協定に基づく賃金支払時の控除（無　, 有（　　）） 8　昇給　（　有（時期、金額等　　　　　　　）, 無　） 9　賞与　（　有（時期、金額等　　　　　　　）, 無　） 10　退職金（　有（時期、金額等　　　　　　　）, 無　）
退職に関する事項	1　定年制　（　有（　　歳）, 無　） 2　継続雇用制度（　有（　　歳まで）, 無　） 3　創業支援等措置（　有（　　歳まで業務委託・社会貢献事業）, 無　） 4　自己都合退職の手続（退職する　日以上前に届け出ること） 5　解雇の事由及び手続 ○詳細は、就業規則第　条～第　条、第　条～第　条
その他	・社会保険の加入状況（　厚生年金　健康保険　その他（　　）） ・雇用保険の適用（　有　, 無　） ・中小企業退職金共済制度 　（加入している　, 加入していない）　（※中小企業の場合） ・企業年金制度（　有（制度名　　　　　　　　）, 無　） ・雇用管理の改善等に関する事項に係る相談窓口 　部署名　　　　　担当者職氏名　　　　　（連絡先　　　　） ・その他（　　　　　　　　　　　　　　　　　　　　　　） ※以下は、「契約期間」について「期間の定めあり」とした場合についての説明です。 　労働契約法第18条の規定により、有期労働契約（平成25年4月1日以降に開始するもの）の契約期間が通算5年を超える場合には、労働契約の期間の末日までに労働者から申込みをすることにより、当該労働契約の期間の末日の翌日から期間の定めのない労働契約に転換されます。ただし、有期雇用特別措置法による特例の対象となる場合は、無期転換申込権の発生については、特例的に本通知書の「契約期間」の「有期雇用特別措置法による特例の対象者の場合」欄に明示したとおりとなります。

以上のほかは、当社就業規則による。就業規則を確認できる場所や方法（　　　　　　　　　　）

　　　　　　　　　　　　　　厚生労働省「モデル労働条件通知書」より抜粋
注）上記の労働条件を、「雇用契約書」は会社と従業員双方で署名する形式、
　　「労働条件通知書」は会社から従業員へ通知する形式となります。

■退職理由を会社都合とされることがある⁉

ボケ：「扱いに手を焼いてた従業員から退職したいと申し出があったんで、そら良かった『ごくろうさん』としたんやけど、ハローワークから連絡があって、会社都合の離職や言うて申し出とるみたいやねん。ほんま、なんでやねんや！」
ツッコミ：「こちらの証拠として退職届をハローワークに提示したらどうですか！」

解説：
　会社を退職した従業員が受給することができる給付金として、失業給付があります。これは在籍中に雇用保険の被保険者であったことが要件となりますが、まず、会社がハローワークへ手続きを行います。
　この失業給付は、会社を退職した理由が「自己都合」である場合と「事業主（会社）都合」の場合とで大きな違いがあります。
　通常、自己都合退職の場合は、退職する前に転職先を決めているケースや、失業給付を受給しながら次の就職先を探す場合があります。いずれにしても、ある程度計画的な自発的失業と言え、生活面に余裕があると思います。したがって、給付制限期間（2カ月又は3カ月）が設けられています。この間は、失業給付を受給することができません。
　一方解雇や支店の閉鎖など事業主都合による退職の場合、従業員の方は、いきなり生活の糧を失うことになってしまいます。そのような場合は給付制限期間を設けず失業給付を支給して生活の安定を図ってもらうという仕組みになっています。さ

第4章 ボケとツッコミで分かる「退職トラブル」

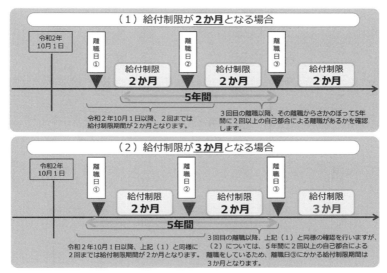

ハローワーク『失業給付を受給される皆さまへ』より抜粋

らに言うと失業給付を受給できる期間（所定給付日数）にも違いがある場合があります。

したがって、穿った見方をすると、この失業給付が有利になることを考えて、退職した従業員は主張をしだしたのかもしれません。

ボケ：「辞めてくれるということが大きかったし、退職届は取ってへんかったわ……」
ツッコミ：「このようなこともあるので、退職届は重要なんですよ！」

[所定給付日数]

◆ 定年、契約期間満了や自己都合退職の方

離職時の満年齢 \ 被保険者であった期間	10年未満	10年以上20年未満	20年以上
65歳未満	90日	120日	150日

◆ 特定受給資格者・一部の特定理由離職者

離職時の満年齢 \ 被保険者であった期間	1年未満	1年以上5年未満	5年以上10年未満	10年以上20年未満	20年以上
30歳未満		90日	120日	180日	―
30歳以上35歳未満		120日	180日	210日	240日
35歳以上45歳未満	90日	150日	180日	240日	270日
45歳以上60歳未満		180日	240日	270日	330日
60歳以上65歳未満		150日	180日	210日	240日

ハローワーク『離職されたみなさまへ』より抜粋

　改めて本人から退職の申し出があった場合の、社内の回覧ルートや決裁ルールを決めておきたいところですね。通常は退職の申し出（願）があって承認後、退職届の提出を求めます。一般的にはこのようなプロセスを踏みます。そして、この退職届には退職の理由を記載してもらいます。本人からの申し出なのであれば「一身上の都合により〇月〇日をもって退職します。」と概ねこのような内容が一般的です。それでも、このような定型文であってもあるのとないのとでは大きな違いがあります。

　今回のようにハローワークから照会があっても、会社としては『自己都合の退職届を受理してますわ！』と主張できるわけです。したがって、退職届一つとっても舐めたらダメなのです。いずれにしても、今後は退職理由を双方整合することを含めて、退職者が発生する都度提出を求めた方が良いと思いま

す。仮に、そこで会社の理由によるというような怪しい記載があったらその時点で事実関係を再確認することができますしね。

　今回のケースでは、会社への聞き取り、退職者本人への聞き取りのうえ、最終的にハローワークが離職理由を決定することになります。今回は退職に関する書類がないですが、とはいえ安易に、会社に痛手があるわけではないからと、事業主都合を認めるということは避けたいですね。
　というのも、厚労省では主に人（従業員）に関しての助成金の制度がありますが、事業主都合等の退職が発生すると不支給になってしまうものもあります。助成金を申請しようとするときに限ってその事業主都合が絡んだりするものです。
　以上からも、退職に関する書面等は無いとしても事業主都合による退職でないと認識しているのであれば、事実関係はしっかり主張しておくべきですね。
　なお、失業給付は解雇や支店の閉鎖以外にも次のような事由によって退職した場合、事業主都合と判断される可能性がありますので、合わせて気を付けておきたいところです。

- 労働契約の締結に際し明示された労働条件が事実と著しく相違したこと
- 賃金（退職手当を除く。）の額の3分の1を超える額が支払期日までに支払われなかった月が引き続き2カ月以上となったこと
- 離職の直前6カ月間のうちに(1)いずれか連続する3カ

月で45時間、⑵いずれか１カ月で100時間、又は⑶いずれか連続する２カ月以上の期間の平均で１カ月80時間を超える時間外労働が行われたこと
- 事業主が労働者の職種転換等に際して、当該労働者の職業生活の継続のために必要な配慮を行っていなかったこと
- 期間の定めのある労働契約の更新により３年以上引き続き雇用されるに至った場合において当該労働契約が更新されないこととなったこと
- 期間の定めのある労働契約の締結に際し当該労働契約が更新されることが明示された場合において当該労働契約が更新されないこととなったこと　など

厚生労働省「特定受給資格者及び特定理由離職者の範囲と判断基準」より抜粋

特に、時間外労働や、契約期間満了時のケースでハローワークから照会が入ることが多いように思います。

あと、退職届に関しては、実は別の側面からも結構重要になることがあります。例えば、『退職させてください』と申し出しながら事後的に退職を撤回するようなことが起こったとします。もちろん退職を撤回してもらうことが、会社にとっては望ましい場合もあると思いますが、問題がある従業員の場合や、すでにその業務を代替する従業員の採用などが決まっていた場合など、厄介になることもあります。ここでも、口頭での対応だと、言った言わないになりがちなので、このような場面でも書面として事実関係を明らかにする退職届の効果は大きいで

す。実際はどの時点で、退職の撤回が有効になるかはケースバイケースですが、少なくとも退職届を最終決裁者（社長）が受理していたのであれば、「退職の確定」という正当な処理が完了していると言えます。事実関係を補完できるものになるということも押さえておきたいところです。

■解雇無効と訴えられることがある⁉

ボケ：「正社員で採用した者がおるけど、反抗的やし物覚えも悪く、即刻解雇したいわ！」
ツッコミ：「問題社員は解雇！　としたいところですが、手順を踏まないと、解雇無効と言われかねないです！」

解説：
　採用に関して最近、適正検査などのツールが充実しているので、ある程度の素養を確認することが可能になっています。また採用面接を行い、ケースによっては筆記試験も加え、採用可否を判断します。とはいえ従業員の特性をこれらで全て把握するのは、はっきり言って限界があり、実際採用して働いてみないとわからないといったことは多分にあります。そして、採用してみたけれど思った以上に違ったというようなミスマッチは十分起こり得ます。
　そもそも雇用契約の解約に関しては、民法にも規定があり使用者（会社）と労働者いずれも解約を申し入れることができるとなっています。そして、その申し入れ後２週間が経過すれば契約は終了するとされています（民法第627条）。しかし、会

社側は当然この民法の規定が適用されるわけではなく、特別法である労働基準法や労働契約法の規定が適用されることになります。ちなみに、従業員は民法の規定が当然に適用されるようです。巨大な権力がある会社に対しての、労働者保護とのバランスといったところでしょうか。

　以上から、会社側からの働きかけによる雇用契約の解約に関しては、労働基準法や労働契約法上の制約があるわけですが、それでも解約を行う場合としては、次のようなケースが想定されます。

　　①解雇
　　②契約期間満了による雇止め
　　③退職勧奨

　今回はそのうちの「解雇」がテーマですね。労働基準法には「解雇」に関しての手続き方法が記載されているので、「解雇」自体は行使できる前提となっています（労働基準法第20条）。「解雇」をしようとする場合において、

　　①少なくとも30日前に予告をしなければならない
　　②予告をしない場合は30日以上の平均賃金を支払わなければならない

　つまり、予告期間を設けるか、予告期間に代わる（平均）賃金を支払うかが手続きとして規定されています。なお、平均賃金は別の項目でも触れていますが、原則は解雇事由の生じた日

以前の3カ月間の通勤手当を含んだ賃金の総額をその期間の総日数で除した金額となります。

「解雇」をする場合は、まずこの手続きを踏む必要があります。ただ、あくまで「解雇」をする場合の手続きを規定しているものということは押さえておく必要があります。そして、次は「解雇」の有効性が問われるわけですが、これは労働契約法に規定があります。

「解雇は、客観的に合理的な理由を欠き、社会通念上相当であると認められない場合は、その権利を濫用したものとして、無効とする（労働契約法第16条）」ざっくり解釈すれば、「誰が見ても明らかなほど問題があり雇用を継続するのはもう限界です」とまで考えておかないと権利濫用を問われるということです。

　まず、今回の従業員が今の段階でここまで当てはまるか、どうかです。

　整理すると、「解雇」に当たっては解雇手続きを行うこと自体はある意味簡単ですが、有効性を問われると急にハードルが上がるということです。なので、実務上は慎重に対応せざるを得ません。

「解雇」してみたら弁護士や労働基準監督署等を通じて解雇無効と主張されることもあります。

　そのような場合で、権利濫用として解雇無効となってしまえば、解雇時点に遡及して働いてもいない部分の給与支給！『そんなアホな！』という結末になることもあります。

ボケ：「気持ちとしては解雇事由に当てはまるけど。面倒にな

るのもかなわんな……」
ツッコミ：「なので、解雇の有効性を高めていきましょう！」

　したがって、ステップを踏んで対応していくことが重要になります。急がば回れです。

　　　改善指導 → 改善度合いの確認 → 改善されない → 配置転換

　このサイクルが基本的な流れになります。
　まず、いきなり「解雇」とするのではなく、改善指導を行うことです。たとえ、『やっても無駄や！』と思っても（大抵の場合その通りですが……）、まずは雇用責任としてやっていかないといけないのです。それでも、改善が見られないのであれば、次は配置転換です。
　そしてまた、指導 → 改善度合いの確認、とサイクルを繰り返していきます。そのうえで、もうどんなに指導・改善を行ってもかつどこの部署に異動させても、問題を起こし当社では雇用を継続することが難しい、というとこまできたら、ようやく「解雇」の選択肢が見えてきます。そのようになれば、前述の「誰が見ても〜」ってところに繋がってくるわけですね。『そんなに待てへん！』とツッコミが入りそうですが、日本では「解雇」のハードルはそこまで高いと認識しておいた方が良いと思います。
　一方で、配置転換を経ることで、もしかしたら他の部署の仕事では適正を見つけられるかもしれません。採用もそれなりにコストがかかっていますので、いろいろやり方を変えていくこ

との意味はあると思います。

　また、配置転換を繰り返すことにより従業員自身も仕事をやっていくのが難しいと自主的な退職を検討する場合もあります。その場合は、解雇リスクを回避しつつ退職に繋がったとなります。

　ですから、一歩踏みとどまって、改善指導から始めていくのが良いのではないかと思います。

　あと、解雇には「普通解雇」と「懲戒解雇」というのがあり、今回のようなケースは従業員の能力不足に起因することなので「普通解雇」と定義されています。一方の「懲戒解雇」は就業規則違反等の企業秩序違反に対する制裁と言われています。これは、会社に重大な損害が発生したケースとかですね。処分を行うに当たっては、この違いも整理しておく必要があります。

■試用期間後の本採用拒否も否定されることがある⁉

ボケ：「即戦力の求人に応募もあらへんし、未経験者採用したんやけどあんまりやったわ。試用期間もあるし、本採用はせんとこ思ってな」

ツッコミ：「お試しの試用期間ですからね。とはいえ慎重に。特に未経験者は注意が必要です！」

解説：

　試用期間は多くの会社で設定されています。日本は定年制度があり、一方解雇も制約がありますので、一旦採用すると長期

雇用を前提とした制度になっています（最近は雇用が流動しつつありますが）。しかし、なんでもかんでも採用したら定年まで雇用するとなると、ちょっと困りますよね。なので試用期間を設定して、その期間で業務適正等を見たうえで本採用を行うということはしておきたいところです。また、雇用のミスマッチもそれなりに多いので、あってしかるべき制度だと思います。雇用契約書にも盛り込んでおきたいですね。

　具体的に試用期間の制度を見ていくと、まず期間の長さです。長期雇用を前提とした雇用と考えたら、見定める期間はできれば長めにしたいという心理が働きますね。法律上、試用期間の長さを規制してるものはないですが、一般的には３〜６カ月と言われています。運用上は原則３カ月で、延長して最長６カ月が多いように思います。それ以上の期間、例えば１年間を超えるような期間を設定することは、従業員としての身分が不安定な時期が長くなり、あまり良くはないとされています。たしかに１年を超えるような期間は適正を見る期間としては長すぎますよね。

　次に試用期間の位置付けとして、試用期間は、「おおもとの労働契約は成立しているうえで、解約権が留保された期間」というような見解があります。わかったようなわからないようなですが、要は『その解約権の行使は可能なんかい？』ってことですね。試用期間中の解約権の行使は、「通常の解雇より広い範囲で認められる」とされている一方で、解約権の行使は「試用制度の趣旨・目的に照らして客観的に合理的な理由があり社会通念上相当と是認されるものでなくてはならない」という制約もあります。結局は、「解雇」のように「誰が見ても明らか

なほど問題があり本採用するのは無理ですね」というような解釈が成り立ち得ます。裁判例も、試用期間中の「解雇」を否定しているものがあります。特に、未経験で採用した者を試用期間だけで判断するのは性急だ、というような流れが見えます。
　ちなみに、本採用拒否の判断基準としては、

　①勤務成績・態度不良　②能力不足　③職場不適応
　④経歴詐欺

というようなことが考えられますが、単純にこれに当てはまるからといって、本採用拒否を実行してしまうと、「誰が見ても〜」と比較すると弱いですね。結局、「解雇」するときとそんなに変わらない、ということになるかなと思います。なので、「解雇」と同様に段階を経る必要があります。
　少なくとも試用期間を満了することなく、期間途中での本採用拒否はよっぽどの事由がない限り避けたいとこですね。

ボケ：「確かに決定打はないんやわ。せやから言うて現時点では本採用は難しいんやわ」
ツッコミ：「そのような場合は、試用期間を延長して対応するのも一つです」

　当初定めた試用期間では、本採用可否の判断が難しいとなれば、「試用期間延長」という段階を踏むことが検討できると思います。元々の試用期間を３カ月と決めている場合は、先に触れたようにもう３カ月延長ですね。

また、試用期間を延長する時に気を付けておきたいこともあります。最終的に本採用できないと判断する場合に備え、会社が本採用拒否に至る過程でどのように対応していったのかの証拠を残しておくことです。延長時の説明で本採用になるために必要な条件を改めて書面で提示しておくことと、対象従業員の同意を得て（少なくとも同意を得る努力をして）進めることですね。ちなみに、本採用拒否したいからといって、もともとの本採用条件より要件を厳しくするのは、後付けになりますので、避けたいところです。

　このような、試用期間延長による再チャレンジの機会を設けることで会社としても雇用維持の努力を行ったということになります。そして、結果として『やっぱり本採用は無理やわ！』となると、試用期間満了後の本採用拒否を検討することになります。

　このあたりの内容は、就業規則にも規定しておきたいですね。

　規定例）
　第〇条（試用期間）
 1．新たに採用した従業員は、入社日から起算して３カ月間を試用期間とする。ただし能力、勤務成績・態度等に応じて、短縮又は３カ月を限度として延長することがある。
 2．前項の試用期間中に第〇条の解雇に該当し、又は次の各号に該当する事由があると認められるときは、試用期間満了を待たず、あるいは満了時に本採用を行わないことがある。

①履歴書（職務経歴書含む）や面接時での発言が事実に反することが判明したとき
②健康状態が悪化し、業務に耐えられないと判断されるとき
③しばしば無断欠勤があり、正社員として不適格と判断されるとき
④勤務態度、成績に問題があり、改善指導を行ったが、改善の見込みがないとき
……
……

　なお、未経験者の採用に関しては、ハローワークの「トライアル雇用助成金制度」を活用するのも条件が合うのであれば一つです。改正に伴って対象者の条件が変わり要件が狭まってきていますが、国のお墨つきの制度なので、トライアル雇用期間（＝試用期間のイメージ）でダメでしたということも可能です。

【トライアル雇用助成金（一般）の対象労働者　抜粋】
- 紹介日の前日から過去２年以内に、２回以上離職や転職を繰り返している
- 紹介日の前日時点で、離職している期間が１年を超えている（※）
  ※パート・アルバイトなどを含め、一切の就労をしていないこと
- 妊娠、出産・育児を理由に離職し、紹介日の前日時点

で、安定した職業に就いていない期間が１年を超えている
- 生年月日が1968（昭和43）年４月２日以降で、かつ安定した職業に就いておらず、ハローワーク等において担当者制による個別支援を受けている
- 就職の援助を行うに当たって、特別な配慮を要する（※）
 ※生活保護受給者、母子家庭の母等、父子家庭の父、日雇労働者、季節労働者、中国残留邦人等永住帰国者、ホームレス、住居喪失不安定就労者、生活困窮者

■退職勧奨もやり過ぎには注意⁉

ボケ：「問題従業員の解雇も前提に、退職を促すことから始めよ思うてな。何回か面談したんやけど、中々首を縦に振らんのや。せやし、毎日面談する必要があるか思てな！」
ツッコミ：「退職を促すこと自体は、違法ではないですが、頻度には気を付ける必要があります！」

解説：
　退職を促すこと自体は特に規制はなく、また退職の合意を得ることを目的とするので、一方的に契約解除を通告する解雇とは趣が異なります。話し合いで決めるという点でも、日本向きですね。この方法は、退職勧奨と言われています。
　ですが、この退職勧奨に関して注意が必要なのは、あくまで退職を促すものなので、本人の退職する意思が必要ってことですね。だから、最終的に退職に合意するとしても時間がかかる

というのは致し方ないです。それと、正常な精神状態においての合意ということは意識しないといけないですね。退職の合意を得るのに焦って、毎日面談してとなると、なんだか警察の事情聴取みたいになってこないですか。

相手は問題ある従業員で能力不足や、就業規則違反等があると思いますが、犯罪の容疑者ではないですし、精神的に追い込んで自白を強要するような対応は、問題があるかもしれません。

ドラマであるような、本当かウソかわからないですが、『われ警察なめとったら痛い目あうぞ！』的な警察の事情聴取みたいな言い方で、脅迫性が強すぎると『パワハラです！』と逆に言われかねません。

裁判例でも執拗な退職勧奨と先述した事情聴取のように密室で大声をあげたり机を叩いたりといったことが問題視されて、退職勧奨が無効にされた例もあります。まあ、この事例は極端なものですが、過度な負担をかけずに進めた方が良いですね。

ボケ：「ほんでも最近は効いてきたのか、顔色が悪いような気もするな」
ツッコミ：「顔色悪くなってるって、それは違う方向に行ってないですか！」

顔色も悪くなってきた！　これはこれで問題がありそうです。仮に、精神に異常をきたして、「うつ」など診断されたら、業務上の災害として「労災」となり、また「労災」が認められたら、会社の安全配慮義務違反として、合わせて民事上の損害

賠償として慰謝料請求！　となる可能性もありますよ。
　このようなリスクがあることも考えて対応しないといけないです。
　まずはやっぱり、問題があると言っても、「解雇」で触れたようにある程度、雇用継続の努力をしないといけませんね。ただ、『辞めてくれへんか！』と進めて、なかなか首を縦に振らないからと、だんだんイライラして熱くなるよりも、業務・勤務態度指導や配置転換などを行い、改善されていない状況を示し、『うちで継続してやっていくのはお互いにとってよくない状況やな』と勧めた方が、在籍に固執している本人の、考えを変えることに繋げられるかもしれません。
　そのうえで、『ここは気分を一新して新しい仕事を探してみたらどうや』とすると、案外すんなり進むこともあります。それでも合意が得られないのであれば、一旦間を置くことですね。そして、また頃合いを見て話をする。結局最終的にどうにもまとまらないのであれば、合意は得られないということになり、退職勧奨自体が難しいという結論になりますね。
　その場合は「解雇」で対応できる内容か改めて精査し、検討していく流れとなります。
　あと、もう大体わかっていると思いますが、合意しないからと、理由もなく配置転換をすることや給与の減額、また嫌がらせをするのも問題がありますよ！

第5章

ボケとツッコミで分かる

「労働時間・残業」

■固定残業手当を支払っているのに、残業代も請求されることがある!?

ボケ:「退職した従業員から、弁護士通じて未払残業の支払請求が来たわ。そもそも固定残業手当を払っとるのになんでやねん！」
ツッコミ:「ちょっと気になるのですが、固定残業手当と示していたのですか？」

解説:

　固定残業手当（みなし残業手当とも言われています）というのは、「その名称にかかわらず一定時間分の時間外労働、休日労働（法定休日）、深夜労働に対して定額で支払われる割増賃金」のことを言います。名称にかかわらずとあるので、必ずしも固定残業手当という名称に拘らなくても、雇用契約書や就業規則で規定すれば、他の名称でも運用は可能です。会社によっては、営業手当や役職手当を、固定残業としているところもあります。

　まず、定額というのは毎月固定的に支給しているということになります。よく問題になるケースは、固定残業手当と言いながら給与明細等で、その手当がぱっと見わからないことです。その場合、会社の言い分としては基本給や他の手当に入っているという話になるのでしょうが、よっぽど給与が高いとか特段の事情がない限り、何らかの主張をすることは難しいです。

【給与明細】

正しいケースの固定残業手当

基本給	○○手当	○○手当	固定残業手当	計
300,000	10,000	5,000	50,000	365,000

問題があるケース

基本給	○○手当	○○手当		計
350,000	10,000			365,000

（吹き出し：ここに固定残業手当が含まれている（つもり））

ボケ：「そらぬかりないわ。固定残業手当の名称で払っとるし、残業代は全てそれでまかなっとんや」
ツッコミ：「固定残業手当を超える時間分はどうなってるのですか？」

　そして、次にありがちなのが、時間外労働時間分全てをその固定残業手当でカバーしてるという考え方です。どういうことかというと、固定残業手当を超える時間外労働が発生していたとしても追加支払いをしないケースです。これも会社としては、固定残業手当を出しているのだから、その範囲で仕事をしてほしいというメッセージを含んだものなのですが、全てを従業員の裁量に委ねるのではなくて、時間外労働時間も管理しつつ、対応しないといけないです。放置となると、会社は時間外労働を容認していると捉えられてしまいますので。
　これはどういうことかというと「一定時間分」のところに繋がります。つまり固定残業手当50,000円は○時間分の時間外労働の割増賃金に当たるかということです。結構あいまいな運用

も多く見られるので注意が必要です。これもちょっとミソがあって〇時間分の時間外労働に対して、深夜労働時間や休日労働の割増賃金も含むのかどうかってところです。仮に、通常の時間外労働のみを〇時間分に含んでいたとすると、深夜労働時間や休日労働の割増賃金は固定残業手当とは別に支払う必要があります。雇用契約書や就業規則にもその内容を盛り込むことが求められています。

　例１）
　- 固定残業手当50,000円（15時間分の時間外労働、5時間分の深夜労働割増賃金として支給する）
　例２）
　- 固定残業手当50,000円（20時間分の時間外労働割増賃金として支給する）
　→ 設定の仕方によって変わってくる。

　したがって、設定した一定の時間を超える時間外労働等があった場合は、追加の残業代の支払いが必要になります。

ボケ：「そうなんか！　残業少なそうなときは固定残業手当減額しとったけど、これもなんかあるんか!?」
ツッコミ：「あくまで、定額の固定手当ですから問題ありますよ！」

　仮に固定残業手当の範囲内の時間外労働時間であっても、固定残業手当を減額させるのは問題ありと言えます。あくまで定額の固定手当であることに変わりありませんので。このように

第5章　ボケとツッコミで分かる「労働時間・残業」

減額する運用もごく稀に見られるので注意が必要です。
　これはなかなか風向きが良くないと思われますが、今回の退職従業員側の請求に関しては2つの争点があると思います。

　　①固定残業手当の支給自体を本人が認識していたかどうか
　　②固定残業手当で全ての時間外労働時間分をカバーしていたかどうか

　①は、固定残業手当を雇用契約書に記載、かつ就業規則で規定しつつ、給与明細において項目を明確に区分してたかどうか？　です。給与明細上に明示していたということで認識しているとは思いますが、減額しているケースがあるということですね。これに関しては減額部分が問われそうですし、②の部分は打刻時間を確認しないといけないですね。②の部分にそこまで大きな乖離がなければ、それほど大きな問題にはならなさそうですが、何らかの対応が必要になりそうですね。

　結局のところ固定残業手当を支給していても、その額が通常想定される時間よりも相当大きい額でない限り、労働時間を管理しつつ、時間外労働の時間が毎月の固定残業手当の範囲内であるかどうかの確認を行うことが求められます。したがって、固定残業手当をもって労働時間管理が単純化されるわけではないので、あまり意味のない時間分の固定残業手当はなくしてしまうということも、後々トラブルが起こる可能性があることを考えれば、検討の余地はあると思います。
　一方、固定残業手当に全くメリットがないというわけではな

く、従業員からしたら毎月定額で約束された給与となり、特に月の稼働日や繁閑の差によって変動し得る残業手当が平準化され、安定した収入になるということはありますね。また時間外労働が短くても定額の固定手当なので減額されず、ある意味得をすることになります。なので、運用方法によっては、結果として全体の労働時間の減少、生産性の向上にも繋がることは十分に考えられます。

どちらを取るかになります。

いずれにしても、固定残業手当の運用に当たっては、その支給の意味合いはともかく、実労働時間が連動してくるということは、繰り返しになりますが意識しておきたいですね。

あと、今回のような未払残業請求等に絡んでくるものとして、賃金の消滅時効も押さえておきたいです。賃金の請求権は、2020年4月1日以降消滅時効期間が5年間（当面の間は3年間）となっており、従前の2年から延長されています。つまり、賃金の未払いに関しての請求期間が長くなっている、比例して請求額も大きくなっていく傾向であるということは注意が必要です。

■ 労働時間管理が難しい場合の対応は⁉

ボケ：「営業社員に関しては、ほとんど外回りで社内におらんから、専門職やな。せやから専門業務型裁量労働制を導入しとんやけど、一部営業が『ほんとに裁量労働制でいけるんですか？』と言ってきとるわ」

ツッコミ：「専門業務型裁量労働制を導入できる対象業務は限

定されています‼」

解説：
　専門業務型裁量労働制は、労使協定により1日の労働時間（みなし労働時間）を協定することになりますので、例えば1日8時間と協定すれば、何時間労働しても「みなし労働時間」の適用により1日8時間の労働ということになります。労働時間の管理としては、シンプルで使い勝手が良いと言えます。
　ただしそのような性質から、専門業務型裁量労働制はなんでもかんでも導入できるわけでなく次のように定義されています。

　　「業務の性質上、その遂行の方法を大幅に当該業務に従事する労働者の裁量に委ねる必要があるため、業務の遂行の手段及び時間配分の決定等に関し使用者が具体的な指示をすることが困難なもの」（厚生労働省「専門業務型裁量労働制の解説」より）

　以上から一定の業種に限定されています。研究開発職とかプログラム、システムの分析や設計の業務がイメージしやすいかと思います。
　また運用に当たって、必ずしも対象業務に適応しているからそれをもって導入できるわけではなく、就業規則への記載、さらに裁量労働として適用される労働時間、苦情処理などを協定した労使協定の締結と労働基準監督署への届け出が求められています。さらにこれでは飽き足らず、令和6年4月からは、各

個別の労働者への同意まで求めている（今までは労働者代表との協定で良かった）のが現状となっています。令和6年4月以降は対象業務であっても導入のハードルが上がっていると考えておいた方が良いですね。もちろん個別同意が導入されたということは、同意を得れば、公的な有効性も担保されるのは間違いないかと思います。

そして、核心の部分について、専門業務型裁量労働制の対象業種は大きく括ると次のとおりです（労働基準法第38条の3／省令・告示により定められた20業務）。

①新商品若しくは新技術の研究開発又は人文科学若しくは自然科学に関する研究の業務
②情報処理システム（電子計算機を使用して行う情報処理を目的として複数の要素が組み合わされた体系であってプログラムの設計の基本となるものをいう。）の分析又は設計の業務
③新聞若しくは出版の事業における記事の取材若しくは編集の業務又は放送法（昭和25年法律第132号）第2条第28号に規定する放送番組（以下「放送番組」という。）の制作のための取材若しくは編集の業務
④衣服、室内装飾、工業製品、広告等の新たなデザインの考案の業務
⑤放送番組、映画等の制作の事業におけるプロデューサー又はディレクターの業務
⑥広告、宣伝等における商品等の内容、特長等に係る文章の案の考案の業務（いわゆるコピーライターの業務）

⑦事業運営において情報処理システムを活用するための問題点の把握又はそれを活用するための方法に関する考案若しくは助言の業務（いわゆるシステムコンサルタントの業務）
⑧建築物内における照明器具、家具等の配置に関する考案、表現又は助言の業務（いわゆるインテリアコーディネーターの業務）
⑨ゲーム用ソフトウェアの創作の業務
⑩有価証券市場における相場等の動向又は有価証券の価値等の分析、評価又はこれに基づく投資に関する助言の業務（いわゆる証券アナリストの業務）
⑪金融工学等の知識を用いて行う金融商品の開発の業務
⑫学校教育法（昭和22年法律第26号）に規定する大学における教授研究の業務（主として研究に従事するものに限る。）
⑬銀行又は証券会社における顧客の合併及び買収に関する調査又は分析及びこれに基づく合併及び買収に関する考案及び助言の業務（いわゆるM&Aアドバイザーの業務）
⑭公認会計士の業務
⑮弁護士の業務
⑯建築士（一級建築士、二級建築士及び木造建築士）の業務
⑰不動産鑑定士の業務
⑱弁理士の業務
⑲税理士の業務

⑳中小企業診断士の業務

　ここにあるように、そもそも営業職は対象となっていませんね。一見営業職に関しても常に社外活動しているケースもあり、必ずしも労働時間と成果が紐づくとも言えませんが、専門業務型裁量労働制の対象業務ではないのです。

ボケ：「せやけど、一日外回りで労働時間の管理はむずかしいわな！」
ツッコミ：「そのような場合、別の制度で対応を検討しましょう！」

　労働時間の細かい管理が難しい場合のみなし労働時間の制度に関しては、他の制度があります。それこそ、外回りの営業職に向けてのもので「事業場外みなし労働時間制（労働基準法第38条の２）」と言われています。
　こちらに関しては、次のような国の通達があります。

　　「事業場外労働に関するみなし労働時間制の対象となるのは、事業場外で業務に従事し、かつ、使用者の具体的な指揮監督が及ばず、労働時間を算定することが困難な業務であること。」

　一方でこのような内容もあります。

　　　したがって、次の場合のように、事業場外で業務に従事

する場合であっても、使用者の具体的な指揮監督が及んでいる場合については、労働時間の算定が可能であるので、みなし労働時間制の適用はないものであること。
　①何人かのグループで事業場外労働に従事する場合で、そのメンバーの中に労働時間の管理をする者がいる場合
　②事業場外で業務に従事するが、無線やポケットベル等によって随時使用者の指示を受けながら労働している場合
　③事業場において、訪問先、帰社時刻等当日の業務の具体的指示を受けたのち、事業場外で指示どおりに業務に従事し、その後事業場にもどる場合
　　　（昭和63年1月1日）（基発第一号、婦発第一号）より

　こちらは注意点と言えます。無線やポケットベルは時代を感じますが今で言うとスマートフォン等ですね。要は各個人が自分の裁量で顧客管理して単独で外回りして、結果を出す！　このような業務内容であれば、十分に「事業場外みなし労働時間制」の適用は検討できるのではないかと思います。注意点として、会社に帰社後の労働時間は実労働管理する必要もありますが、少なくとも、「専門業務型裁量労働制」としているよりはよっぽど見込みのある制度なので、適用可否の検討を進めた方が良いと思います！

■休日出勤の割増率に文句を言われる!?

ボケ：「週休2日制で土日を休みにしとるんやけど、休日出勤した場合の割増賃金がおかしいとか言ってくる従業員がおるねん。どういうこっちゃ」

ツッコミ：「出勤する休日によっては割増率に違いがあるんですよ！」

解説：

　まず前提として、労働基準法では必ず休まなければいけない休日として1週1日、4週4日（変形労働時間制の場合）と定めています（労働基準法第35条）。そして、この休日を法定休日といいます。

　なお、法定労働時間は次のように定められています（労働基準法第32条）。

　　　1日……8時間　1週……40時間

　原則は、この範囲内で労働時間を設定する必要があります。
　昔は法定労働時間が1週48時間だったので、1週6日労働で1日8時間×6日＝48時間、休日1日これでジャスト1週7日になり、かちっとはまっていたわけです。
　しかし、労働時間の方が1週40時間になったことで、1日8時間労働の場合は週5日（1日8時間×5日＝40時間）までと制約がかかってしまうことで、休日を増やす必要が出てきて、週休2日が主流になったということかなと思います。そう

すると、1週あたり休まなければいけない休日は1日で良いのに、必然的に休日は2日以上になりますよね。それはそれで良いのでしょうが、違う面でややこしいことが発生し得ます。

それが、今回のような休日労働における時間外労働（残業代）の割増賃金です。

まず時間外労働における割増賃金の割増率に関しては、次のように定められています（労働基準法第37条）。

- 法定労働時間超　　125％
- 法定休日労働　　　135％
- 深夜労働　　　　　　25％（午後10時〜翌午前5時）

法定休日に労働した場合は135％の支払いが必要になります。ですが1週に2日以上休日があった場合、1週1日の法定休日はどの休日に当たるのかということが起きます。

単純に考えたら1週間全く休日を取れなかった場合の最後の休日に当たる日が法定休日と考えれば、管理的にも楽ですが、細かい話をすると、今度は1週の始まりがどの曜日になるのか？　って話になってくるわけですね。そういう面から都合の良い解釈をしてはいけないですよと、国の見解等が出ています。

その内容としてまず、「1週の起算日と1週1日の法定休日を特定しないといけない」これは、就業規則で定める必要があるのですが、そのような規定をいちいち定めていないケースもあるわけで、今度は何も規定していない場合用に「1週の起算日は日曜日、日曜日を起点として1週の最後の休日を法定休日とする」としたわけです。

ということは……。

　◇就業規則で特定した場合（例）
　　1週の起算日は月曜日とする。法定休日は日曜日とする。
　◇特定していない場合（自動的に）
　　1週の起算日は日曜日。法定休日は土曜日（土日休日の場合）。

　如何でしょう。イメージとしてはカレンダー上も日曜日が法定休日感がありますが、何も決めてない場合は、土曜日が法定休日になるのです！
　また、休日労働をする休日によって、割増率にも差が出てくることになります。

　　所定休日労働（法定休日でない休日）は、法定労働時間超として125％、法定休日労働は135％

このようになります。
　したがって、従業員が言っていることもあながち間違いではない結果になる可能性があります。
　そして、今回のような不満が出ることも考えて、今後の対応ですね。土曜日を法定休日として扱う形で良いのでしたら、土曜日の休日労働を管理していくことになります。一方よくあるのは、土曜日と日曜日だったら土曜日の方が働くことが多いという事実です。この場合は人件費等の増加の面から考えると法

定休日は日曜日にしたいですよね。それであれば、日曜日が法定休日になるよう就業規則において、特定しておく必要があります。

　どのパターンにするとしても、運用ルールは明確にした方が管理面から見ても従業員から見ても明らかになりますね。特定したら、急に法定休日ばかり働きたがる打算的な従業員が現れたりすることもあるかもしれませんが……。まあ、そこは休日労働申請管理でコントロールするとして、就業規則で改めて「法定休日はこの日！」というのも検討しておいた方が良いと思います。

■残業申請ルールを無視しても残業代が発生する⁉

ボケ：「最近業績も悪化気味やし、人件費の抑制を図る方針で残業を申請制に変更したんやけど、ある従業員が申請もせんと遅くまで残っとんや。せやから残業申請とタイムカードの時間が一致せんのやけど、もちろんルール守らん本人が悪いわな！」

ツッコミ：「ルール守らないのは悪いですが、指導しないと黙認していると言われかねないですよ！」

解説：
　時間外労働申請（残業申請）制自体は、だらだら残業を防げることに繋がることもあるので有効な方法であると思います。ですが、そのルールを導入したのであれば、ルールの管理もしないといけないですね。

従業員も今までと違う形になり不満もあってルールを守らないのかもしれませんが、会社側としても『ルールを守らん従業員が悪いんや！』と、ほったらかしにするのは問題があります。仮に、後から従業員が打刻している時間を基に時間外労働を主張してきたら、『私はこんなに働いてます！』という完全な証拠が残ってしまうことにもなります。なので、言うことを聞かないのであれば、まず指導して、是正を図っていく。少なくとも、そのような指導記録を残しておき、会社として運用に当たっての対応をしていたと反論するための証拠を作っておく必要があります。

　それと、残業申請に限らず、労働時間の管理については、国のガイドライン（「労働時間の適正な把握のために使用者が講ずべき措置に関するガイドライン」）を確認しておくのが良いと思います。具体的には次のような内容があります。

　(1) 始業・終業時刻の確認及び記録
　　使用者は、労働時間を適正に把握するため、労働者の労働日ごとの始業・終業時刻を確認し、これを記録すること。
　(2) 始業・終業時刻の確認及び記録の原則的な方法
　　使用者が始業・終業時刻を確認し、記録する方法としては、原則として次のいずれかの方法によること。
　　　(ア) 使用者が、自ら現認することにより確認し、適正に記録すること。
　　　(イ) タイムカード、ICカード、パソコンの使用時間の記録等の客観的な記録を基礎として確認し、適正に記

録すること。
(3) 自己申告制により始業・終業時刻の確認及び記録を行う場合の措置

　上記(2)の方法によることなく、自己申告制によりこれを行わざるを得ない場合、使用者は次の措置を講ずること。

　㋐ 自己申告制の対象となる労働者に対して、本ガイドラインを踏まえ、労働時間の実態を正しく記録し適正に自己申告を行うことなどについて十分な説明を行うこと。

　㋑ 実際に労働時間を管理する者に対して、自己申告制の適正な運用を含め、本ガイドラインに従い講ずべき措置について十分な説明を行うこと。

　㋒ 自己申告により把握した労働時間が実際の労働時間と合致しているか否かについて、必要に応じて実態調査を実施し、所要の労働時間の補正をすること。特に、入退場記録やパソコンの使用時間の記録など、事業場内にいた時間の分かるデータを有している場合に、労働者からの自己申告により把握した労働時間と当該データで分かった事業場内にいた時間との間に著しい乖離が生じているときには、実態調査を実施し、所要の労働時間の補正をすること。

　㋓ 自己申告した労働時間を超えて事業場内にいる時間について、その理由等を労働者に報告させる場合には、当該報告が適正に行われているかについて確認すること。その際、休憩や自主的な研修、教育訓練、学

習等であるため労働時間ではないと報告されていても、実際には、使用者の指示により業務に従事しているなど使用者の指揮命令下に置かれていたと認められる時間については、労働時間として扱わなければならないこと。

(オ) 自己申告制は、労働者による適正な申告を前提として成り立つものである。このため、使用者は、労働者が自己申告できる時間外労働の時間数に上限を設け、上限を超える申告を認めない等、労働者による労働時間の適正な申告を阻害する措置を講じてはならないこと。また、時間外労働時間の削減のための社内通達や時間外労働手当の定額払等労働時間に係る事業場の措置が、労働者の労働時間の適正な申告を阻害する要因となっていないかについて確認するとともに、当該要因となっている場合においては、改善のための措置を講ずること。さらに、労働基準法の定める法定労働時間や時間外労働に関する労使協定（いわゆる36協定）により延長することができる時間数を遵守することは当然であるが、実際には延長することができる時間数を超えて労働しているにもかかわらず、記録上これを守っているようにすることが、実際に労働時間を管理する者や労働者等において、慣習的に行われていないかについても確認すること。

　これらは、具体的な事例が記載されているので参考になります。

第5章　ボケとツッコミで分かる「労働時間・残業」

　残業申請に関しては(3)(ウ)の部分が応答します。こちらに、自己申告（残業申請）の時間と実際の労働時間（タイムカード）の実態調査を行ってください、また乖離が生じている場合、必要に応じて補正を行ってください、といった趣旨の記載があります。結局、社会的にも以前から実際の打刻時間と管理時間との乖離が多く発生して問題になっていたということですね。まさしく、今回のケースに該当する部分です。それと、ガイドラインでも示されてるということは、追い追いトラブルになったときに、一つの判断根拠とされる可能性が高いです。この点から見ても、今の放置状態は、会社にとっては不利な結果をもたらす可能性が高いという結論になります。

　この辺りも踏まえて、申請ルールの再徹底と改善指導はやっぱりやっておくべきですね！

■ 労働時間はキッチリ管理、それとも柔軟な制度に!?

ボケ：「会社の就業時間は午前8:30〜午後5:30なんやけど、午前7:30に出社して午後4:30に退社していく従業員がおるねん。本人の言い分として、決められた労働時間分働いてますと。優秀なんであんま言えんのやけどな」

ツッコミ：「でも、なんのための就業時間のルールとなってしまいますよ！」

解説：
「決められた時間分」という屁理屈じゃなくて、「決められた時間帯」で働いてくださいよ！　という話ですね。労働時間

は、雇用契約における絶対的記載事項として、雇用契約書内に始業・終業の時刻の項目で明確に記載されます。つまり、法定要件を具備した雇用契約書であることが前提ですが、雇用契約締結時に、会社・従業員双方で始業・終業の時刻を含めて合意しているわけです。

　ということは、今回の従業員の行動は、あきらかな労働契約違反と言えるのではないでしょうか。また、就業規則の絶対的記載事項でもあり、個別特約の労働時間でない限り、就業規則違反とも言えます。まずは、それらの違反になり得る旨を伝えて、改善指導を行っていくべきです。

ボケ：「その就業規則を基に就業時間を繰り上げ繰り下げすることが可能やと主張してきとるねん」
ツッコミ：「それは、本人の都合で運用できるものではありません！」

　まず、前提として先述のような決まりのもとで、雇用契約は成り立っているわけですし、会社側からも就業時間をみだりに変更するのは良くはないことです。一方、どんな場合にも決まっている就業時間を杓子定規に適用するのでは、突発的な業務上の都合や災害発生時、交通渋滞や事故等の事情がある場合に柔軟な運用ができないことが考えられます。

　そこで、就業規則において就業時間を繰り上げ又は繰り下げすることがあるという規定を設けるわけです。むしろ会社としては、盛り込んでおきたい規定です。

　規定内容は、次のような形で定めているのが一般的です。

第○条（始業終業時刻の変更）
1．会社は業務の都合により、就業時間を繰り上げ又は繰り下げすることがある

　この内容からも、従業員個人の事情で都合よく適用できるものではないのは明らかですね（「会社は」が主語）。
　また、別の角度から見ても問題があります。今の状態は労働時間だけでなく、例えば就業時間外に勝手に会社に来て、PCやその他の会社の設備を使用することになり、会社の設備無断使用として服務規律違反にも当たる可能性があります。さらに、その就業時間外にケガでもしたら、労災認定の基準である「指揮命令下」に当たるかどうかが問われる可能性もあります。問題が発生すると色々とややこしいことになりますね。
　優秀だということですが、見過ごして他の従業員へ波及するのも良くないですよね。それこそ、学級崩壊状態になることも考えられます。
　なので、指導に対して不満たらたらかもしれませんが、改善されないのであれば就業規則違反として、規則に基づき対応していく必要があります。

ボケ：「個々従業員の声もあるし、逆にもっと自由にしてまうことも考えてるんや。せやけど、日中の会議は出てもらわなやしな」
ツッコミ：「それは、制度として設定可能です！」

　むしろ、もっと自由度を持たせ、労働時間帯を本人に委ねる

ような方法は別の労働時間制度としてあります。

それは、「フレックスタイム制」という労働時間制度で、次のように定義されています。

> 「一定の期間についてあらかじめ定めた総労働時間の範囲内で、労働者が日々の始業・終業時刻、労働時間を自ら決めることのできる制度です。労働者は仕事と生活の調和を図りながら効率的に働くことができます。」
> (厚生労働省「フレックスタイム制のわかりやすい解説＆導入の手引き」より)

仮に今回の従業員が、家庭の事情で労働時間帯をずらさざるを得ないというような理由があるとして、フレックスタイム制を導入することで労働契約、就業規則違反を問われることなく、仕事と生活の調和が図れるという流れを作ることもできます。

フレックスタイム制を導入すると具体的にどうなるかというと、右上の図のようになります。これはスーパーフレックスとも呼ばれており、かなり自由度の高い形です。この内容であれば、7時30分から働いて16時30分に退社しても、制度上問題ないことになります。

また、フレックスタイム制の労働時間の考え方については、「清算期間における総労働時間」という指標を使います。例えば、現在のケースで月の稼働日が21日だったとします。であれば、月の労働時間は21日×8時間なので、計算上は168時間になります。

第5章　ボケとツッコミで分かる「労働時間・残業」

【現在】

労働時間　1日8時間

【フレックスの場合】

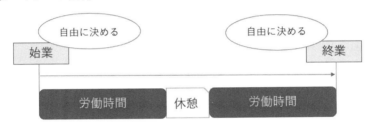

労働時間　1日単位でなくなる

　　その月の労働時間＝「清算期間の総労働時間（1月単位の場合）」

と当てはめます。つまり、フレックスタイム制の場合は、1日単位の労働時間でなく、21日稼働の場合は1月単位で168時間働いているかどうかを見ることになります。冒頭の「決められた時間分で働くこと」が成り立つ制度です。
　次に、社内会議などで必ず労働しなければいけない時間帯を

作るのであれば、「コアタイム」を設定することで解決できます。

コアタイムは必ず労働しなければいけない時間帯です。
このようにすれば、コアタイムの時間帯に社内会議の開催も可能ですね。
また、始業と終業の従業員に委ねる時間も一定の時間帯とすることも設定可能であり、次のような形にすることができます。今度は「フレキシブルタイム」の設定です。

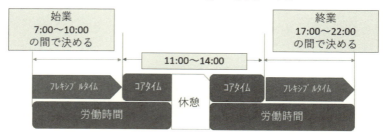

このようにすることで、一定の秩序を保つことができます（なお、この場合10〜17時は実質コアタイムになる）。導入にあたっては、その他就業規則への規定やフレックスタイム制の内容を取り決めした労使協定を締結することなど、一定の労力はかかりますが、従業員にもメリットがあるので、導入しやす

第5章　ボケとツッコミで分かる「労働時間・残業」

い制度ですね。

　とはいえ、労働時間はキッチリ管理した方が良いのか又は柔軟にした方が良いのかは一概には言えません。それぞれ一長一短ですし、会社のポリシーや業態、また各従業員の職種など、それぞれの状況に応じて、どういう制度が合っているのかを判断したうえで、労働時間制度の設計を検討した方が良いと思います。

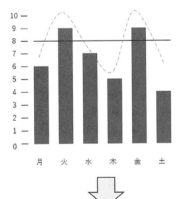

■就業時間外の任意参加の勉強会も労働時間になる!?

ボケ:「もうちょっと業務外でも仕事の勉強をしてほしいんやけど、自主的にやるもんとやられへんもんに分かれるねんな。せやから、就業時間後に自主的な勉強会の場を作ろ思てるねん」

ツッコミ:「それは良い試みですね。単純に自主的な勉強会でしたら労働時間にカウントしなくても差し支えないです」

解説:

　自主的に業務能力の向上に繋がる勉強をしてほしいというのは、よくわかります。一方、このようなケースは、以前から労働時間に当たるかどうかと話にあがるところです。ここでも、「労働時間の適正な把握のために使用者が講ずべき措置に関するガイドライン」が参考になります。

　該当する箇所としては、

> 「自主的な研修、教育訓練、学習等であるため労働時間ではないと報告されていても、実際には、使用者の指示により業務に従事しているなど使用者の指揮命令下に置かれていたと認められる時間については、労働時間として扱わなければならないこと」

という部分ですね。「使用者の指示により業務に従事」という箇所がポイントです。逆に考えると勉強会への参加があくまで自主的な「任意」の場であるならば、それは「使用者の指

示」に当たらず、強制性もないので労働時間としてカウントしないのは問題ないと思われます。

ボケ：「せやけど、やっぱ自主的な場にしたら参加率が低いし、参加せえへん者は評価下げよか思てるねん」
ツッコミ：「あれ、それは問題ありですね。評価が下がるなら半ば強制になってしまいますよね！」

　参加しなかった場合は「昇給・賞与」の評価を落とし、昇給や賞与額が下がるのであれば問題が出てきます。『評価落とすでぇ！』という脅しになってしまいますね。そうすると自主的な「任意」の勉強会のはずなのに、『評価落とされて賞与に響く……これって強制ではないですか？』となってしまいますよね。
　その結果、強制力が働く＝指示（と見られる）となり、半ば勉強会参加を強制している結果と変わらないことになる可能性が高く、勉強会参加時間は労働時間ということになりかねないです。
　なので、勉強会に限らず、それぞれ、業務に関係する必要なことを就業時間外にもやってもらうのであれば、原則は労働時間というように考える必要があります。
　したがって基本的に業務に必要なことは、就業時間内で時間を設定して能力向上に努めることが望ましいと思います。そのうえでさらなる向上を求める、つまり付加的なことですね。これは、評価向上に繋がる加点部分と言えますので、就業時間外の勉強会に、積極的に参加してくれた者には、評価を加点する

といった加点方式、かっこよく言うとポジティブアクションで対応するのが良いと思います。参加しない場合は評価を落とすような減点方式だと、労働時間になる以外にも、労働条件の不利益な取り扱いとして、捉えられる可能性もあります。

　それと、今のご時世は労働者の権利意識も高まっており、勉強会以外の場面でもいちいち労働時間であるかどうかを問われることがあります。例えば、研修やミーティング、朝礼も同様です。また、下手すれば飲み会といった会社の懇親会の場でも『残業代出るのですか！』と言われる可能性があります。また、制服、作業服など、会社が業務上着用を求めるものに関しては、その着替えの時間についても同様です。会社が着用を求め、かつ社内にロッカールームといった着替える場所を用意している場合など、内容によっては労働時間と判断される可能性が高いです。この辺も始業開始時点で、『仕事にかかわる準備をしておくもんや！』という考えが通用しなくなりつつあります。合わせて気を付けておきたいところです。

■早く帰りたい事情に合わせても休憩時間が必要⁉

ボケ：「１日７時間労働・１時間休憩で採用したパートさんがおるんやけど、１時間早く帰りたいけど給与は確保してほしいと、わがまま言い出してな。どうしよか思たけど、ほな休憩なしにしたら１時間はよ帰れるし、今までと給与額は変わらんし、名案やったわ」

ツッコミ：「ちょっと待ってください。休憩時間も法律で決まってるんですよ！」

第 5 章　ボケとツッコミで分かる「労働時間・残業」

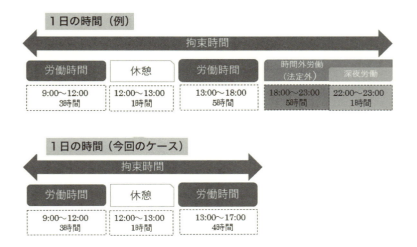

解説：
　前提として、会社で1日を過ごす中での時間の考え方について、拘束時間というものがあります。拘束時間とは、その名のとおり、会社に拘束されている時間で、労働時間（時間外労働を含んだ時間）と休憩時間を合わせた時間を言います。

　今回のケースでは、1日の労働時間7時間と休憩時間1時間で拘束時間は1日8時間ですね。

　拘束時間に関しては特に決まりはありません。労働時間は、労働基準法の定めにより1日8時間までとなります。そして、休憩時間については労働時間に応じて、与えなければならないと定められています。

休憩時間の付与に関しては、次のとおりです（労働基準法第34条）。

- １日労働時間　６時間以下　　　　　　　なし
- １日労働時間　６時間超８時間以下　　　最低45分以上
- １日労働時間　８時間超　　　　　　　　最低60分以上

　このようになっています。したがって、１日７時間労働の場合、６時間を超えるが８時間以下のラインになるので、最低45分以上の休憩が必要になります。休憩なしの運用は双方納得の取り決めになっているようですが、今の扱いは労働基準法違反となってしまいます。

ボケ：「そうかいな。ほな７時間働いてから休憩取ってるちゅうことにするか」
ツッコミ：「休憩時間を取るタイミングも決まっています！」

　こちらについても残念ながら決まりがあり、休憩時間は「労働時間の途中に与えなければならない（労働基準法第34条）」とされています。なので、始業時間前や終業時間後に取ることはできないとなっています。なお、実際は、休憩なく７時間フルで働くのもしんどいのではないかと思いますが……。
　以上を踏まえてどのように対応するかです。一つは『こう決まってるから我慢してや』で終わりかもしれませんが、もう少し検討できることとして、１時間早く帰りたいというパートさんからの要望なので、拘束時間８時間だったのを７時間にする

わけですね。休憩時間は45分でも差し支えないため、労働時間を6時間15分として休憩時間を45分にし拘束時間は7時間、ということは可能なので、ほんの少し給与を確保できるパターンは可能です。また、柔軟な対応ができる業務（例えば自宅で作業が可能なもの）であれば、在宅勤務と合わせた勤務体系を取ることで給与を確保することは可能かと思います。

　ちなみに、休憩時間の補足として、休憩時間の付与基準は1日の労働時間が6時間を超える場合となっているので、1日6時間ジャストの雇用契約であれば休憩時間はなしでも成り立ちます。また、同様に1日8時間ジャストの雇用契約であれば、休憩時間は45分でも成り立ちます。一般的には60分（1時間）のケースが多いのは事実ですが。

　また、パートさんによっては6時間以内の労働時間で休憩時間をなしにしているケースも見かけます。

　この場合の注意点として挙げられるのが、臨時で残業をしてもらった場合に労働時間が通算6時間を超えると、休憩時間の付与が適用されることです。なので、休憩時間（6時間超で最低45分必要）も加味して依頼しないと、残業で残ってもらったのは良いけれど、まず休憩が必要なので「休憩からスタート」って!?　となってしまうことがあります。

第6章

ボケとツッコミで分かる

「日常労務」

■業務委託なのに、失業給付の書類を求められた!?

ボケ：「知り合いが何か手伝いさせてくれいうから、業務委託で仕事依頼しとったんやけど、離職票を請求されたわ。なんでやねん！」

ツッコミ：「知り合いとはいえ、初めにルール決めとかないと面倒ですよ！」

解説：

　会社の事業活動を行ううえでは、何かしら契約を結ぶごと、契約書を交わすじゃないですか。それは対人であっても同じです。業務委託であろうが、直接雇用であろうが、最初の契約書での取り決めを怠るのは良くないですね。

　業務委託の場合は「業務委託契約書」です。直接雇用の場合は「雇用契約書若しくは労働条件通知書」を作成し、双方で締結するのが原則です。気心知れた知り合いに来てもらうということで、気後れした事情はあったのかもしれませんが、こういうことが起こるものです。

　「業務委託契約」なのであれば、委託する仕事の内容や範囲、報酬の金額、支払日、成果物の納品の時期であったり、また今回のようなことが起きないように、直接雇用と違って社会保険関係（健康保険・厚生年金保険）や労働保険関係（労災保険・雇用保険）の扱いはないですよと、初めに明示して契約しておきます。そうすればまさかの請求が来ることはなかったでしょう（あっても明確な説明がつく）。

　一方、最近は直接雇用（労働者）と業務委託の線引きが難し

くなっている側面があるのも事実です。業務委託は「成果物等完成品の提供」、雇用契約は「指揮命令下において労働力の提供」というおおもとの考え方に違いがありますが、例えば、労災保険では、形式的に業務委託契約であっても、実態が労働者であると判断される場合は、労災保険が適用されると言われています。

　具体例を挙げると、

- 何時〜何時までと時間を指定している
- 委託内容に細かい指示を出している
- スケジュール管理にも口を出す
- 設備、備品等は会社のものを使用している
- 会社の制服の着用を求めている

　といった形だったりすると、「業務委託契約」であっても、実態は労働者性があるとして労災保険が適用される可能性が高いと思います。そうすると、直接雇用の労働者となり、社会保険・労働保険関係にも影響してくる可能性があります。

　なので、まず確認しておきたいのは、手伝ってもらっていたことが実態として、労働者性があったかどうか？　ということです。知り合いは、手伝っていた業務の事実関係から、雇用されていたと認識していたのかもしれませんね。

　あくまで、労働者性がなかった、例えば単純に成果物のみを依頼し、制服の着用はなかった、直接雇用の労働者のように出社を求めていなかった、逐次、指示を出していなかったというようなことであれば、事後的になってしまいますが、十分説明

はできるとは思います。

ちなみに失業給付の前提となる保険関係は雇用保険です。その加入基準は、次のとおりです。

- 1週間の所定労働時間　20時間以上
- 31日以上の雇用見込みがあること

仮に労働者性があったのであれば、次は上記の要件に該当しているかどうかです。満たしているのであれば、ハローワークへ雇用保険の被保険者資格取得、喪失の手続きが必要になります。なお、労働者性を満たしているのであれば、労災保険も当然に対象となりますので、委託報酬を給与として算出し、雇用保険と合わせて労働保険料の申告に含む必要があり、煩雑になってきます。

いずれにしても、短期の応援を雇用契約にして給与を支払うとしたら税金処理とか、社会保険の手続きとか面倒！　といった事実はあり、業務委託の方が楽ではないかと考えがちですが、遡及手続きなど、結果として後の処理の方が負担だったということは往々にしてあります。したがって、あらかじめ労働者性があるのか、業務を委託するものなのかを原理原則で考えたうえで、どちらの契約が妥当なのか判断して対応すべきですね。

■休日の出勤拒否への処分は可能か⁉

ボケ：「休日にお客さんから緊急の連絡が入ったので、従業員に対応してもらおうと電話連絡したんや。せやけど電話に出

えへんから、グループチャットにもメッセージしたんやけど、返信なしで、損害発生しかけたわ。これは、始末書もんやな!」
ツッコミ:「そもそも休日に働く必要があり、出勤を指示することが可能な流れはできていたのでしょうか!?」

解説:
　まず、休日である点は注意が必要です。雇用契約書や就業規則でも法定記載事項である休日を取り決めていますよね。これは、法定休日(1週1日/4週4日)であろうと会社が任意で決めている所定休日であろうと理屈は一緒です。休日は労働の提供義務が免除される日になります。したがって、従業員から見るとそもそも、働く必要がない日ではないですか？　となり、そのような中で頭ごなしに、『けしからん、始末書や!』とすることは、控えた方が良いと思います。下手すると、『ハラスメントです!』とも言われかねないです。
　とはいえ、休日であっても緊急の対応が必要になることはあり得ます。これは、必ずしも休日に限らず所定の労働日における、時間外労働(残業)にも言えることです。なので、所定契約外の労働が発生するようなことが見込まれる場合は、まず、雇用契約書や就業規則への記載をしておきます(これも法定記載事項です)。そして、法定労働時間を超える時間外労働に関してはもう一つ対応しておくことがあります。それは、「時間外/休日労働に関する協定(36協定)」といい、この36協定を労使間で締結して、労働基準監督署へ届け出ることです。雇用契約関係と36協定があって初めて残業が可能になるわけです

事業の種類	事業の名称	事業の所在地（電話番号）	協定の有効期間

		時間外労働をさせる必要のある具体的事由	業務の種類	労働者数（満18歳以上の者）	所定労働時間（1日）	延長することができる時間数		
						1日	1箇月（①については45時間まで、②については42時間まで）	1年（①については360時間まで、②については320時間まで）起算日（年月日）
						法定労働時間を超える時間数	法定労働時間を超える時間数（任意）	法定労働時間を超える時間数（任意）
時間外労働	① 下記2に該当しない労働者	臨時の受注、事務処理、工程変更、業務遅延等	工務、品質保証	10	8時間	5時間	45時間	360時間
		臨時の受注、納期集中・切込、工程変更等	機械加工	17	8時間	5時間	45時間	360時間
		同上	仕上・検査	15	8時間	5時間	45時間	360時間
	② 1年単位の変形労働により労働する労働者	残業することを求める事由	機械加工	2	8時間30分	5時間	42時間	320時間

	休日労働をさせる必要のある具体的事由	業務の種類	労働者数（満18歳以上の者）	所定休日（任意）	労働させることができる法定休日の日数	労働させることができる法定休日における始業及び終業の時刻
休日労働	臨時の受注・事務処理、工程変更、業務遅延等	工務、品質保証	10	毎週土曜、日曜、祝日	1ヶ月に2日	8：00～17：00
	臨時の受注、納期集中・切込、工程変更等	機械加工、仕上・検査	32	同上	同上	同上

【参考　36協定例】

ね。そして、会社は残業命令を出せるのですが、残業を行う必要がある事由については、協定と紐づけておく必要があります。

ボケ：「そんなもんも、昔作ってたわ。残業に関しては、就業規則にも書いてあるしな！」
ツッコミ：「ちょっと待ってください、昔というのは……」

　ちなみに36協定の協定期間は原則1年間とされていますので、毎年更新する必要があります。なお、36協定に関しては、労働基準監督署への届け出を効力発生要件としていますので、更新していない状況は、違法な時間外労働ということになります。
　届け出漏れは、割と発生していますので注意が必要です。
　また、36協定締結上の注意点として、1日、1カ月、1年単位ごとの時間外労働の上限時間を設ける必要があり、原則、

第6章　ボケとツッコミで分かる「日常労務」

1カ月は45時間、1年間は360時間までで、特別条項を協定することにより、1カ月100時間（法定休日労働含む、年6回まで）、1年間で720時間まで協定することが可能です（一部業種で相違あり）。

　ここまでを改めて整理して、『36協定で取り決めた事由に基づいて出勤命令や！』とするのは一つですが、実際このあたりの事由を協定や規則違反で問うことは、慎重に考えた方が良いのではないかと思います。従業員も休日については、休養したいということや、用事を入れていることも十分に考えられるので、突発的に連絡するのではなく、どのようなケースにおいて、緊急連絡やそれに基づく対応を求めることがあるのか、あらかじめ部署や対従業員との間での共通認識を持っておくことも必要かと思います。そうでないと、『こう決まってるからこうや！』で対応を求めると、ただでさえ抵抗感を持っている休日の出勤で、嫌になって「退職します」ともなりかねないです。最近では、休日のちょっとした電話連絡等でも抵抗を示す労働者もそれなりにいます。仕事と休日を明確に分ける「つながらない権利」ということも言われ出しています。そのような背景もあり、休日は緊急対応を行わないとしている会社もあります。

ボケ：「なにかしら代償を考えな、休日出勤してもらうのも大変やな……」
ツッコミ：「休日に出勤した分を、別の日に休日として充てるのも有効かと思います！」

まずは休日の勤務があり得ることを理解してもらうということと合わせて休日当番手当といった負担に対する手当を設けること、別日に代替休日（代休）を取れる制度を設けるといったことも、休日に出勤することへの心理的な負担軽減として有効であると思います。

代休とは、休日に緊急対応等で労働した場合において、事後、特定の労働日（勤務日）に代わりの休日を付与するものです。就業規則への規定がなくても運用することが可能な制度です。

似たような制度として、振替休日というものもあります。振替休日は、あらかじめ休日を特定の労働日と入れ替える制度となっています。振替休日に関しては、

- 就業規則に規定しておくこと
- 振り替える休日は事前に特定すること
- 振替は前日までに通知すること

といった要件がありますが、同一週で振替休日取得なら、残業代に影響を与えないこともあります。

突発的な緊急対応に関しては、事前に休日を振り替えることは、事実上不可能なので、代休が選択肢になりますが、実情に応じて、「代休」と「振替休日」を使い分けることも可能です。

このように従業員側の観点も含めた、実態として機能する運用ルールをまず決めておくことの方が長期的には有効ですね！そのうえで、決められたルールに従わないような場合には、就業規則に基づき処分を行っていくとした方が、処分への有効性

も高まります。

■欠勤がちな従業員の対応を怠ると大変に!?

ボケ：「何かしら病気がちで欠勤が多い従業員がいるんやが、こっちも忙しいしそのままにしてたんやけど、他の従業員から欠勤が多くて使えへんって申し出があったわ」

ツッコミ：「ほったらかしは良くないですね……安全配慮の面からも問題ありですよ！」

解説：

人的資本や健康経営の推進等が言われている中で、従業員の健康管理は昨今のトレンドになりつつありますよ。会社としても人材不足のなか貴重な戦力の損失に繋がってしまう面もあります。また、対応を怠ることで下手すれば安全配慮義務違反を問われる可能性もあります。

　安全配慮義務……労働者がその生命・身体等の安全を確保し
　　　　　　　　つつ労働することができるよう、必要な配
　　　　　　　　慮をすること
　　　　　　　　労災だけでなく健康面への配慮も含まれる

まずは、本人の欠勤がどのような事情で生じているのか、確認のための面談を行うことが初めの一歩ですね。概ね、次の3パターンが考えられます。

- 私生活で問題を抱えている（夜遊び、家庭の問題など）
- 仕事面で問題を抱えている（業務の過多など）
- 健康面で問題を抱えている

ボケ：「面談したんやが、健康面に問題を抱えてそうやけど本人は働けると言うてるわ」
ツッコミ：「健康面に関することなので、会社で判断するより受診を促した方が良いですね」

　私生活や仕事面のことであれば、ある程度速やかに相談にのり、指導や業務分担の見直し等の対応をすることで、業務遂行上の支障を取り除くことが可能と言えます。
　一方で健康面の問題は、会社では判断しづらく医師による医学的な見地に基づく意見も必要となるので、慎重に対応していくことが求められます。このようなことを想定して、就業規則では次の定めを設けていることが多いです。

　「〇日以上欠勤が続く場合、又は度々欠勤がある場合は医師の診断書の提出を求める」

　なので、健康面で問題を抱えていることが判明した場合は、そもそも就業が可能なのか、医師への受診を促すことになります。診断書において、特に問題がないということが把握できたのであれば、欠勤が度々発生していることが問題なので、生活指導等で改善を図っていくことになります。
　一方、診断書に何らかの病名が記載されている場合は、次の

段階へ進むことになります。
　概ね次の2パターンの診断書の提出があります。

　　①病名があるが、単に加療を要するとの記載に留まる
　　②病名があり、○カ月程度の自宅療養を要するとの記載がある

　①の場合は、就業可否の判断がつかないので、再度医師へ依頼することになりますが、場合によっては「情報提供依頼書」といった文書により、就業の可否や、就業上の配慮を必要とする事由があるのかといった情報の提供を求めることもあります。この場合、対象従業員の同意を得て対応することが望ましいとされています。
　②の場合、例えば「2カ月程度の自宅療養を要する」といった内容であれば、就業不可であることが明確になります。
　この場合の運用で必要になるのが「休職規定」です。就業規則において、結構重要な規定で、そもそも「休職」に関する規定を設けていないと、就業不可に応答するルールがなく対応に苦慮することになるので、ぜひとも就業規則に盛り込んでおきたい規定です。
　そして、休職期間を適用して、まずは健康面の問題を解決し職場復帰へと繋げてもらうという流れになります。なお、「休職規定」には休職期間を設けておき、休職期間中に復帰できない場合は、退職になるという規定も盛り込んでおきたいところです。
　また、この一連の流れの中では、産業医と情報を連携してお

くことも重要です。産業医の選任は、従業員が50人以上の事業所は義務で、50人未満の事業所においては義務ではないとされていますが、一方で選任することが望ましいともされています。

　選任しておくメリットはあると思います。このような従業員の健康面に関する対応の場面で、産業医の意見を併せて聴くことにより、会社としての判断を下しやすくなります。

　結局のところ、今の状態をあいまいにしておくと、

- 健康面で問題を抱えていたにもかかわらず就業を継続させることで、安全配慮義務違反を問われる可能性がある
- 他の従業員としても業務の振り方などに苦慮し、不満が出る
- 休職期間適用による復職又は退職への道筋を描けなくなる

といった弊害しかありませんので、速やかに対応していきたいですね！

■業務外の問題も指導するべきか!?

ボケ：「仕事はよくできて会社にとっては必要なんやけど、私生活上での素行が悪いちゅう話を聞く従業員がおるんや。ほんで、最近、仕事が終わってから、原付バイクに乗りながら、アルコール飲料と思わしきものを手にしてたと他の従業員から申告があってな。業務外のことやし、見過ごすべきか

……」

ツッコミ:「それはまずいでしょ！ 飲酒運転は法律違反です。事故が起き、勤務先が特定されるようなことになれば会社の評判もがた落ちですよ！」

解説：

　就業規則で「飲酒運転をしてはならない」と規定し、懲戒処分を科すとしている規定は多いです。このような規定は飲酒運転に限らず、暴力行為の禁止等でも見られます。ところが、一般的に就業規則の規定は就業時間内の業務中を指し、業務外事案であった場合については、就業規則に基づいた懲戒処分を科すことができないというような見解もあります。

　とはいえ、業務外なので会社の範疇ではないとするには、飲酒運転自体、道路交通法違反であり、昨今、飲酒運転厳罰化が叫ばれている中で、事故発生などのことを考えると内容が重すぎます。

　仮に、その従業員が日常業務において自動車運転を主たる業務としていた場合で、業務外といえ飲酒運転が発覚して免許取り消しとなった場合はどうでしょう？　雇用契約で定める運転業務ができなくなってしまった！　となると、労働の提供義務を果たせなくなります。そうなれば、会社にも損害が発生しますよね。

　また、自動車運転を主たる業務としていない場合でも、飲酒運転により重大な事故を引き起こし悪質性も高い！　となれば、報道等により勤務している会社も特定され、顧客との信頼関係が崩れることで、下手すれば取引停止になり重大な損害を

及ぼすことは考えられます。そうなれば、結果として懲戒処分や解雇を検討せざるを得ないということは十分に考えられます。

業務外といえども、一旦問題が発生すれば、会社に波及するリスクがあるということは認識しておく必要があります。

以上から、「飲酒運転をしてはならない」という規定は、業務外における効力が全くないわけでなく、上記のようなことが起こることを防ぐため、就業規則においても飲酒運転に対する懲罰規定を設け、業務中・業務外関係なく、飲酒運転をしてはいけないということを、予防効果の面からも従業員に求めているわけです。

そのようにすることで、飲酒運転等により問題が発生したことに対して、処分を行う根拠も明確になるわけです。

したがって、優秀な従業員であること、また業務外で事故も起きていないからといって、見過ごすことはできないという結論になります。優秀で会社に貢献があるといえども、飲酒運転による重大事故が発生すれば、それを打ち消すほどの高い代償を負わないといけないことも考えられるので、飲酒運転の未然防止を図っていく必要があります。

まず、この従業員に事実関係を確認し、事実無根なのであればまだしも、場合によっては必要な指導を行っていくことが必要です。

また、このようなことが起きるということは、運転に対する意識も低いと考えられますので、改めて日常運転業務を行う者に対しての安全運転教育やルール設計（規定化含めて）、運転時の決まりごとなどをまとめた誓約書といったことも、きっち

り整えておいた方が良いですね。なお、業務中の飲酒運転に関しては、新たな法改正により、社有車を5台以上有している会社についてもアルコールチェックが義務化されるなど対策が強化されていますので、この点も押さえておきたいところです。

■ 前職や他社のことを取り上げ不満ばかりの従業員対応は⁉

ボケ：「中途採用した従業員がおるんやけど、会社制度の指摘にご熱心で、ことあるごとに有給休暇の取得が進んでいない、後片付けの時間は残業時間、残業時間が1分単位でないとかかんとか、ほんで前職や他社ではこうではなかったとあーだこーだ、ミスを指摘すればあれが悪いこれが悪いなど言い訳ばかりで、手を焼いてるねん」

ツッコミ：「いますよね。こういうタイプも！」

解説：
　このような主張の多いタイプは、だいたい入社時点ではおとなしいものですが、会社からの指示待ちの限定された仕事を覚えていくうちに、自分はできる人間だと思うようになります。でもここからが残念で、自発的に次の仕事とはならず、日々平和にこなしておけばよいその限定された仕事に固執しだします。そうすると、自分の立場のことばかりに想いが強くなり、自分の仕事ぶりは棚に上げつつ、顧客や他の部署や会社が悪く、自分は悪くないといった主張に走りやすいですね。そうなるともう、他の仕事を与えようにも、自分の仕事が忙しいと主

張し、できない理由ばかり流暢に評論します。立派な社内評論家の誕生です。評論家になると、自分はタッチしない割にはあれこれ評論し、また会社の制度の不備などを突いてくるわけですね（もちろん仕事の手も止まります）、テレビで国の批判ばかりしている一部の評論家のような状態です。世の中頑張る人ほど黙々とやりますが、やらない人ほど口数が多いので大変です。

ボケ：「ほんで『前職はこのようにしてましたよ！』や。ほな前の仕事辞めへんかったら良かったやん！　やで」
ツッコミ：「ですが、ごもっともという部分は改善するのも一つですよ。そうすれば、こちらも言いたいことが言えますしね！」

「前職は○○してましたよ！」は定番の話ですね。本例は極端に表現していますが、同様の話は多少なりとも、聞くところです。要するに、暇なのかもしれません。

　一つの要因としては、付与する仕事を限定しすぎているというのはあると思います。職務拡大や一定程度ローテーションありきとするとか、入社時に他の部署も経験するとか、あるいは多能工化していくのは、自分だけの観点だけでなく、他の仕事との連携や、会社全体の動きも見ることに繋がり良いと思います。

　それでも、考えようによっては、このような指摘は、前職や他社との比較という意味で参考になることもあります。だから、『自分の主張ばっかりやな!?』と聞き流すというよりも、

耳を傾けるということも必要かもしれません。

　特に就業規則は労務管理に関する会社と従業員間のルールを規定したものですが、就業規則はきっちり整備し、懲戒処分や解雇など処分系のことは、規定に基づき処理する割には、従業員からして関心の高いと思われる、休日、時間外労働時間の扱いや有給休暇を始めとした休暇制度、病気療養時の休職制度、育児・介護等休業等の休業制度など制度系の運用については、手が回っていなくて規則通り運用できていないというのは、散見されるところです。まずもって、就業規則（雇用契約書含めた）と実運用をルール通りにしていくということは必要だと思います。従業員としても困ったとき規則通り対応してもらえるのかな？　という心配から不満を持ったりすることも往々にしてあります。

　そして、近年働き方改革の推進に伴い、同一労働同一賃金、時間外労働（残業）の上限規制、有給休暇の取得義務化、労働時間に関するガイドラインなど従来の労務管理の扱いを改めていく必要性も出てきています。また、人手不足が叫ばれているなか、中々良い人材をすぱっと採用できるわけではないので、貴重な戦力と言える既存の従業員の満足度も高めておかなければいけないと思います。まだまだ、日本は雇用の流動性が低いと言われていますが、給与面はもとより労務管理の扱いの悪さを理由として、他社へ転職してしまう従業員も増えてくるかもしれません。

　特に中小零細企業は、なかなか給与面で大手・中堅や処遇改善が国から支給されているような業種と戦えないということは往々にしてありますので、前職例といったある意味貴重な指標

を参考にして、給与面以外の労務面や福利厚生面で差別化を図れるか検討するため、従業員の不満をまとめたうえ、人事労務に関する諸制度を見直すことは有意義になることもあると思います。

そして社内制度を改善した一方、従業員の肝心のお仕事の中身は全く変わらないのであれば、しっかり指導して、改善もビシバシ図っていくということですね！

■出勤停止で賃金請求される!?

ボケ：「アルバイトで一人暮らしの学生を採用したんやけど、生活習慣が悪いのか、髪はぼさぼさ、ふけも見えるし、体臭もきっついねん。特に今日はひどかってな、お客様の対応もあるし、始業前に帰ってもらおう思ったら、給与を請求してきよったわ。なんでやねん！」

ツッコミ：「給与というよりは、法律で定める手当が必要になる可能性があります」

解説：

お客様商売において、このアルバイトの状況は致命的ですね。アルバイトは帰らされたといっても働いてはいないので、「ノーワークノーペイ」の原則から給与は発生しないと考えられますが、労働基準法で定める手当の支払いが必要になる可能性があります。その手当とは休業手当と言われ、支払いを求められるのは、次のようなケースです。

第6章 ボケとツッコミで分かる「日常労務」

「使用者の責に帰すべき事由による休業の場合においては、使用者は、休業期間中当該労働者に、その平均賃金の百分の六十以上の手当を支払わなければならない。」(労働基準法第26条)

ボケ:「せやけど、これは会社のせいやなくて最低限の身だしなみを整えられへんアルバイトが悪いんちゃうんか?」
ツッコミ:「そうですが、日頃から指導しておかないとですね!」

　ここでいう「使用者の責に帰すべき事由」とは、天災事変のような会社単位で対策を取ることが不可能な、不可抗力のものを除くほぼ全ての場合が該当すると思われます。つまり、労働者に起因するようなことであっても働ける状態の者を会社の指示により休ませる場合は、疑義はあるとは思いますが、この休業手当の支払いを求められる可能性が高いです。
　したがって、本来的な所定労働時間に対する給与の支払いに代えて、休業手当の支払いが妥当かと思います。
　その休業手当の計算方法は、次のとおりで給与の一定割合を手当することになります。

　　休業手当 = 平均賃金×60%以上
　　※平均賃金は別の項で記載した通り

　あと、初動がもったいなかったと思います。やっぱり日頃から予防という観点をもって対応しておかないとですね。清潔感

がないとか服装の乱れがあるとかはもともと把握していたわけですから。この点は、会社単位で対策を取ることが可能な部分ですね。

　就業規則の服務規定なんかでも、最低限度の身だしなみに関する規定は定められているとは思いますし、このようなトラブルが発生する前に、日頃から注意・指導・改善のサイクルを回しておけば、話は変わっていた可能性があります。また、指導の中で改善が見られなかったのであれば、就業規則に基づく処分や、生活習慣の悪さから健康面への影響も感じられる場合は、医師の診断を促すような対応をしていく必要もあります。

　それと合わせて今回のような内容で出勤停止を指示することがあるのを想定して、必要に応じて就業を禁止するルールも規定化しておくことをお勧めします。始業前に退社を促すことに対しておとなしく帰ってくれたらともかく、『自分は働けるし、帰ること自体おかしいです』と言われ帰ってくれなかったら、これはこれで面倒ですからね。

　労働安全衛生法においては、

> 「伝染性の疾病その他の疾病で、厚生労働省令で定めるものにかかった労働者については、厚生労働省令で定めるところにより、その就業を禁止しなければならない。」（労働安全衛生法第68条）

という規定があります。伝染症に罹患していなくても、生活習慣やその容姿から衛生上問題があることは考えられます。なので、就業規則内においてそのような表現の規定文を盛り込ん

でおくことも有効かと思います。そして、規定上のルールを示し、ルールにのっとって退社を促すということです（それでも休業手当の支払いは必要と考えられますが……）。

　規定例）
　第○条（就業停止）
　　会社は、法令に基づき次のいずれかに該当する従業員については就業を禁止する。
　⑴　伝染性の疾病その他の疾病で、厚生労働大臣が定める疾病にかかった者
　⑵　感染症法等の法令に定める疾病にかかった者
　⑶　その他前各号に準じて、発症の恐れや衛生上問題がある者

■業務中の自家用車使用の事故で会社に請求がきた⁉

ボケ：「社有車が故障中で、得意先への移動は公共交通機関でいこかな思ってたんやけど、従業員が『車出しますよ』と申し出、よっしゃいうことで出発したはええけど、途中で追突事故や。ほんで分かったんやけど、任意保険かかってへんやて……車両の損害費用の請求来とるんや」

ツッコミ：「ツッコミどころ満載ですね……そもそも業務中の自家用車利用はリスクが高いです！」

解説：
　業務中の車両利用は会社所有の車両（社有車）に限定すると

した方が良い例となってしまいましたね……。

そもそも任意保険加入していないってどうなの？　という部分は差し引いても、大きな事故にならなかったことが不幸中の幸いです。従業員は、良かれと思って言ったんでしょうけど、従業員の自家用車って実際の整備状況も分からないですし、動いたら良いということではないですからね。

社有車であれば、走行距離、使用年数、事故歴、整備の状態、保険加入の有無や範囲などの状況は日頃から把握できているわけですし（もちろんその管理をしている前提ですが）、保険についてもより補償の高いタイプを選んでいると思います。特に業務中に関しては、会社の使用者責任が問われるので、基本的には社有車の利用を最優先にするのが鉄則です。

結果として、損害費用の請求が会社に来たということですが、事故を起こした従業員に求償すること自体は可能です。一方で会社としても保険関係等の確認を怠っていたこともあるので、そのあたりを加味し、全額を負担させるのではなく、一定額の負担を求めることを検討した方が良いと思います。

ボケ：「せやけど、社有車もあんまないし自家用車の出動をゼロちゅうわけにもな……」
ツッコミ：「なので、社有車の基準に合わせておくようにしておくことですね」

とはいえ、実際のところ業務中の自家用車の使用は小規模な会社ほど必要になる場合が多いですね。そのような場合を想定し、業務中の自家用車の使用に関しての運用ルールを設けてお

くのが良いですね。

　先ほどのとおり、業務中に関しては使用者責任が問われるということを前提に置き、社有車に準じた扱いを求めておきます。例えば、「自家用車の業務上使用規程」といった規定を整備し、次のような項目を盛り込み、業務上使用可能な自家用車や運転可能な従業員を限定しておくことは事故時のリスクや事故そのものを軽減させるのに有効です。

　項目例）
　- 自動車の基準
　　登録後〇年以内、走行距離〇〇万km以内
　　使用時は所有している本人のみ運転可
　- 保険加入基準
　　自賠責は必須／任意保険の保険金額　対人：無制限　対物：〇〇〇万円以上など
　- 運転者
　　20歳以上で直近〇年以内に重大な事故を起こしていないこと
　　免許証が有効／不携帯でないこと
　- 運転中の遵守事項
　- 燃料代の精算
　- 事故発生時の対応
　- 事故時の会社負担の有無や割合

　このようなルールを規定化しておくことで、まず自家用車を使用するに当たり、「業務上使用可能な車両なのか？」と事前

確認が義務付けられ、基準を満たしていないのであれば『ルール上使用できひんな！』となり、結果として事故時のリスクが軽減されます。
　また、事故時発生時の負担割合も明確になりますし、従業員への説明も容易になります。

ボケ：「規定も定めて、そのうえで社有車も５台に増やしたわ！」
ツッコミ：「となると今度は安全運転管理者の選任が必要です！」

　これも、案外抜けがちなのですが、社有車を５台以上（事業所ごとの単位）保有している場合は、安全運転管理者を選任して、都道府県公安委員会に届け出る必要があります。

- 安全運転管理者の要件
  20歳以上
  自動車の運転に関し２年以上の実務の経験を有する者等
- 安全運転管理者の業務
  運転者の状況把握
  異常気象時等の安全確保の措置
  運転者の酒気帯びの有無の確認（目視等で確認するほか、アルコール検知器を用いた確認を実施）
  酒気帯びの有無の確認内容の記録・保存、アルコール検知器の常時有効保持
  運転日誌の備え付けと記録
  運転者に対する安全運転指導　など
  ※警視庁HPより抜粋

あと補足になりますが、自家用車の通勤中の事故においても、事故の遠因に業務の関連性が疑われる場合、使用者責任を問われることがあります。例えば、日頃から残業が多く、その長時間労働による過労が原因となって居眠り運転による事故を起こしたといったケースです。このような場合は、長時間労働が事故との関連性に紐づき、使用者責任が問われる可能性もありますので、注意したいところです。

　　※使用者責任……
　　「ある事業のために他人を使用する者は、被用者がその事業の執行について第三者に加えた損害を賠償する責任を負う。ただし、使用者が被用者の選任及びその事業の監督について相当の注意をしたとき、又は相当の注意をしても損害が生ずべきであったときは、この限りでない。」(民法第715条)

■従業員との間で損害賠償の契約はできないのか⁉

ボケ：「結構高価な機械を導入したし、事故を起こされても困るしな、雇用契約書に損傷1回につき5万円の賠償責任事項を設けたんや」

ツッコミ「それは良くないですね。賠償予定がある雇用契約は禁止されてますよ！」

解説：
　まず、労働基準法で、賠償を予定した雇用契約は禁止されて

います（労働基準法第16条）。なので、あらかじめ賠償金や罰金として金額を決めておく雇用契約は無効となります。下手すれば、それをもって労働基準監督署に行かれて、はい、指導ってなるのが関の山だと思います。

また、労働安全衛生法にて、採用時や業務変更時の教育が必要（労働安全衛生法第59条）と定められており具体的には、次のような内容があります。

①機械等、原材料等の危険性又は有害性及びこれらの取扱い方法に関すること。
②安全装置、有害物抑制装置又は保護具の性能及びこれらの取扱い方法に関すること。
③作業手順に関すること。
④作業開始時の点検に関すること。
　　　　　　　︙

これは安全配慮義務からの点ではありますが、まずは慎重な扱いを求めるなら機械を損傷させないよう、教育を徹底することが重要となります。とはいえ、機械操作に慣れてくると初めはあった緊張感が緩んでくることも事実ですね。そして、本来決められたルールを守らなかったり順序を飛ばしたりと、従業員の過失によって機械を損傷しました、となることはままある話です。こういった場合、会社に損害が発生してしまいます。

ボケ：「せやろ、せやから損害を賠償してもらわなあかんちゅ

第6章 ボケとツッコミで分かる「日常労務」

うことや」
ツッコミ:「雇用契約でなくても、実際に発生した損害費用を請求することは認められています」

『その損害の責任は問えへんのか?』というと、そうではなくて、実際に従業員の責任で発生した損害の賠償を求めること自体を禁止しているわけではないです。つまり、あらかじめ雇用契約の一部として賠償を予定したものはダメですが、必要な教育を施したうえで、従業員の過失により発生した損害に対しては、請求することはできます。整理するとこのような形になります。

したがって、実際損害が発生することが想定されるのであれば、記載事項が制約されている雇用契約の一部ではなくて、労働基準法の範囲外で対応するのも一つです。例えば、一般的に入社時に提出を求める書類である入社誓約書や身元保証書において賠償時の扱いを記載しておくこと、それから就業規則にも過失があった場合は賠償を求める旨を規定して予防線を張っておくのが良いと思います。

　規定例)
　第○条(損害賠償)
　1. 従業員の故意または重大な過失によって会社に損害を与えたときは、その損害の全部または一部を賠償させることがある。

ただし、裁判例を参考にすると過失の程度や賠償金額等にも

よりますが、賠償額を制限しているものもあります。なので単に『全額賠償や！』とするのではなくて、教育や事故防止措置が十分であり防げたものであったのか、従業員の過失はどの程度あったのか等、原因を解明し、個別事案ごとに賠償額を決める方が良いと思います。

　また、身元保証書については、保証期間の定めもあります（最大５年／再更新は可能）。それと、令和２年に民法の法改正があり、保証額の上限額を定める必要も出ており、上限額の取り決めがないものに関しては、無効となるので注意が必要です。

　そして、実際に従業員に賠償を求めることになり、その、支払い方法はどうするか？　ってなったときの注意点もあります。

ボケ：「そら、毎月給与支給してるんやから、給与から引いたらええんちゃうんか！」
ツッコミ：「給与から控除できるものには、制約があるんです！」

　残念ながら給与から控除できるものは決まっています。それは、法律に基づくもので、社会保険料（健康保険・厚生年金保険・雇用保険料）、所得税、住民税のみです。それ以外のものは原則給与から控除することができません。あまりあれこれ給与控除して生活に支障が出るのを防止する措置かと思います。それでは『法律に基づくもの以外は何も控除できひんのか？』というとそうではなくて、「賃金控除に関する労使協定」を労

使間で締結することにより可能です。労使で合意したものだから良いでしょうとなっています。とはいえ金額については、多大な額になると、給与控除された差引支給額では生活に支障がでる場合があります。労使協定を基に給与からの控除は可能になりますが、控除する額や控除する期間などは、従業員と個別に話をする必要があるかと思います。

　なお、労使協定がない場合については、給与と賠償額を切り分ける必要があり、給与は給与で支払い、賠償額は別で直接支払ってもらうとなるので、労使協定の締結も検討しておいた方が良いですね。

■試用期間中は見習いなので社会保険なしで良いのか⁉

ボケ：「正社員の採用でも試用期間中は見習い期間やし、すぐ辞められてもなぁ。そうなると会社負担もあるし、社会保険（健康保険・厚生年金保険）は、試用期間中は手続きしてへんのや」

ツッコミ：「そうなのですが、社会保険に見習いも本採用もありませんよ！」

解説：
　まず、社会保険制度を整理すると次のとおりです。

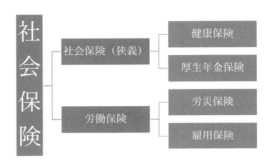

　このうち、労働保険に関しては、労災保険と雇用保険があります。労災保険は全ての労働者が対象となり、雇用保険の被保険者基準は別の項で触れたとおりです。

　また、保険料は給与額に対し、労災保険料は会社が全額負担（保険料率は業種により相違あり2.5〜88/1000〈令和6年度〉）、雇用保険料は会社負担と従業員負担に分かれます（従業員負担6/1000、会社負担9.5/1000〈一般の事業の場合・令和6年度〉）。労働保険に関しては、試用期間含めた入社時点から対応しているのが大半ですね。

　一方の社会保険（狭義）に関しては、健康保険と厚生年金保険ということになります。

　労働保険より保険料負担が大きく保険料率もさることながら負担割合は、会社と従業員で折半となっています。また、入社して試用期間中に退職になったとしても、資格取得と喪失の手続き、健康保険の手交と回収・返却と一定の手間が生じます。もちろん、保険料も発生します。

　保険料の計算方法は次のとおりです。

　標準報酬月額（入社時の給与見込〈通勤手当含む〉）に対して、

- 健康保険料率　概ね9〜11％内/40歳以上はさらに介護保険料あり
　※保険料率は各都道府県ごとに相違があり毎年見直しがあります
- 厚生年金保険料　18.3％（一律・変動なし）

これらを乗じて決定されます。例えば、40歳未満で採用時の標準報酬月額が30万円とすれば、

- 健康保険料　30万円×10.13％（※参考/京都〈令和6年度〉）＝30,390円
- 厚生年金保険料　30万円×18.3％＝54,900円
　計　85,290円

こちらを折半すると、会社は、毎月42,645円を給与とは別に負担することになり、結構な負担が生じるのは事実です。
　そういうこともあって、試用期間中の未加入は特に小規模事業者で聞く話です。しかし、社会保険への加入基準は法定化されています。

（被保険者50人以下の事業所の社会保険適用基準）
①常勤の正社員
②1週間の所定労働時間及び1月の所定労働日数が①の4分の3以上
③雇用契約期間が2カ月以上

試用期間の事柄は一切触れられていないことからも、正社員ということであれば試用期間の有無に関係なく①の要件に該当し、入社時点で要件を満たし社会保険への加入が必要になります。つまり、法違反になっている状態なんですよ。

　会社には何ら問題が出ないことかもしれませんが、弊害もそれなりにあります。まず、求人掲載上、社会保険加入を明示している（試用期間中はなしとは掲載できない！）ということ、また最近は求職者も求人条件に対して細かくなってきているので、求人内容と違うと不満を持ち退職となってしまうことも考えられます。

　また、社会保険関係の適用調査が厳密に行われるようになってきており（原則は３年に１回程度）、調査時において、社会保険未加入を指摘される可能性が高いです。この指摘を受けると手続きのやり直し、給与からの保険料控除の調整等、本人への説明含めて、かなり面倒な作業が発生します。

　それと、厚生年金保険に関しては、加入していない期間があるということで、従業員の将来の年金額に影響が出ます。

　なお、③で試用期間を契約社員（雇用契約期間２カ月未満）に変えて、社会保険加入を免れるような裏技！も散見されますが、この２カ月ルールは、２カ月未満で雇用契約満了とすることが確実な臨時的な雇用の場合と考えておいた方が良いです。

　以上のことからも、社会保険被保険者資格取得手続きを行う必要があります。

ボケ：「しゃあないな。せやけど、ええこと思いついたわ。給与見込みなんやったら低めで手続きして、保険料を抑えるか」

第6章　ボケとツッコミで分かる「日常労務」

ツッコミ：「それも、結局事後的に指摘されると思います！」

　保険料計算の元になる、標準報酬月額は資格取得時の給与見込額で決まるというのは、冒頭で説明した通りです。
　見込みである点をもって、見込額を少なくした手続きは可能かというと、おそらく手続きは受理され、決定された標準報酬月額により、保険料も決定されます。一旦は、見込み通りの結果になります。しかし、先ほどと同様に社会保険に関する調査によって指摘が入り、遡及して是正手続きを求められると思われます。というのも、調査時には賃金台帳（給与の内訳が記載された台帳）を提出するからです。なので発覚することは確実ですし、あまりというか、おすすめできません。
　ですが、社会保険の面だけでなく総合的な観点から、意図するような形にすることは可能です。その方法は、求人応募の内容を見直し、試用期間中の給与と本採用後の給与を分けて設定することです。それこそ見習い期間中なので給与が低めというのは、意味合いとしておかしくないと思います。また、本採用後の給与UPに向けてより頑張るかもしれません。

　あと、社会保険の被保険者基準に関しては、令和6年10月から（※）被保険者51人以上の事業所についても短時間労働者の適用拡大の対象となり、次のような労働者も社会保険の適用になるということは押さえておきたいところです。

【被保険者数51人以上の事業所における短時間労働者の適用要件】
①週の所定労働時間が20時間以上
②所定内賃金が月額8.8万円以上
③２カ月を超える雇用見込みがあること
④学生でないこと

※労働者数でなく社会保険被保険者の要件を満たした者の総数。

　また、社会保険制度はめまぐるしく変更されていく可能性もあり、いずれは被保険者数要件も撤廃されるような話も出ていますので、動向には注意が必要です。

第7章

ボケとツッコミで分かる
「休職・ハラスメント・休業」

■うつで休職を繰り返す従業員への対応方法は⁉

ボケ：「うつと診断を受けた従業員が、復帰してはしばらくして診断書を持ってきてと、数カ月の休職を繰り返しとんや」
ツッコミ：「休職期間の取り決めはあるのですか？　今のままではずるずると時間だけ過ぎますよ！」

解説：
　骨折の場合など長期の療養を要する者であっても回復することが明らかな場合は復帰の見込みがある程度つくので、何とか対応できるかもしれません。しかし今回のように繰り返し休職を続けられたら業務への支障も大きくなるので、会社・従業員双方にとっても良くないですね。そういう場合の運用ルールが、就業規則における「休職規定」になります。この「休職規定」では、休職することができる期間を設けるのが通常です。これは、私傷病等（出向、公職就任などもあります）により労働することができなくなった場合に、一定期間労働を免除しながらも会社への在籍を認める制度で、ある意味会社からの恩恵措置みたいなものです。なので、勤続年数が長い従業員の方が長めの休職期間が設定されていることが多いです。また、直ちに休職とせずに休職に入る前の欠勤許容期間を設けている場合もあります。この場合は欠勤許容期間経過後に休職を発令し休職期間を適用するという立付けになっています。これは雇用継続をより重視した内容と言えますね。
　今回の場合は、休職は適用しているが、休職期間の終期をあいまいにしてるのが問題と言えます。一時的には復帰できてい

第7章　ボケとツッコミで分かる「休職・ハラスメント・休業」

るようですが、再度就労不能となり、対応をどうしようか？となっているわけですね。休職期間をあいまいにすると、このようなことが起こり得ます。なので、まず、休職期間を設けることが必要になります。

　なお、休職期間の設定時の注意点として、通常「休職規定」においては、

　　「休職期間満了時に原職に復帰できない場合は、自然退職とする。」

というような内容を規定しますが、より早く退職への道筋をつけるために、休職期間を短く設定するような例も見かけます。ですが、これには慎重な対応が必要です。明確な基準があるわけではないですが、あまりに短期間の休職期間設定だと後々休職期間自体を否定される可能性もあります（例えば休職期間1カ月など）。

　具体的な休職期間について、独立行政法人労働政策研究・研修機構の「メンタルヘルス、私傷病などの治療と職業生活の両立支援に関する調査（平成25年11月29日）」によると「6カ月〜1年」までが22.3％と割合がもっとも高くなっています。中小企業では概ね6カ月程度が多いかなと思います。そのうえで、勤続年数が浅い（例：勤続3年以内）従業員は3カ月、勤続年数が長い（例：勤続10年以上）従業員は1年と、段階を付けて設定するのも一つですね。

ボケ：「休職期間を決めてもや。そらええけど、その期間内に

復職を繰り返したらあまり意味ないんちゃうか！」
ツッコミ：「その場合休職期間を通算するようなルールを作って対応です！」

　そして、休職期間を適用した後、復職したいと申し出があった場合については、「休職規定」に復職に関してのルールを設けておくことで対応します。診断書は必須ですが、診断書の中身だけでは判断するのは難しいこともありますよね。したがって、

　　「産業医や会社指定の医師の意見も復職判断の参考にする」

というのは規定に盛り込んでおきたいポイントです。
　そのうえで、復帰申請を認めるわけですが、その後再発してまた、休職となった場合はどうするか？　その場合も「休職規定」で対応です。

　　「復帰後、○カ月以内に再発すれば従前の休職期間を通算する」

　このように規定しておき、休職と復職を繰り返すような場合は、前後の休職期間を通算し、もともと設定した休職期間の枠内で扱うわけです。同一の疾病を理由とするので、十分に合理性はあると思います。
　このような流れを規定化し、対応するのが望ましいですね。
　復帰してくれることを見込んで、あいまいにしていたという

ことがあるかもしれませんが、就業規則で規定化して対応する方が、ずるずる時間だけが経過していくよりも、会社・従業員双方にとっても今後の見通しがつくので良いと思います。

■休職期間中の従業員対応はどのようにするのか⁉

ボケ：「うつで休職期間適用の従業員やけど、規定上の休職期間もあと1カ月や。せやけど、状況は改善してると言えへんねん。先日も定期のオンライン面談で、急に声を荒げ『病気になったのは会社のせいだ』との発言もあったわ。心外やし、反論したんやけど、向こうが途中退席してしもたわ」
ツッコミ：「こっちまで熱くなったらダメです。冷静な対応で行きましょう」

解説：

　うつなど精神疾患に限らず、休職中の健康状態の確認として、電話連絡や今の時代に合わせてならオンライン面談で定期的な状況確認はしておきたいです。しかし、精神疾患で休職している従業員の対応は慎重に対応しないといけない部分があります。というのも、服用している薬の副作用の影響なのか、日によって感情の起伏があります。また、休職期間満了が近づくにつれて復帰できないことへの焦りや、休職期間満了により退職となった場合の不安もあるのか、職場復帰に固執したり、病気の責任が会社にあるというような発言をしたり、攻撃的な口調になるケースは実際の事例としてもあります。ケースによっては思いもよらない、心外な発言を受けることもあります。で

すが、こっちまで熱くなって反論してしまうと「ハラスメント」と主張されたり、うつの原因が会社であるとして「労災」請求を求めてきたりすることも考えられます。そうなると、余計に話がこじれてしまう可能性もあります。

したがって、とにかく会社としては冷静な態度で対応するというのが鉄則です。そして、冷静に話ができるときに話を進め、話がかみ合わないときは聞き役に徹します。また、手間はかかりますが、場合によっては面談日を変更して一旦冷却期間をおくといった対応も望ましいですね。

それと、休職期間満了による退職が近づいてきたときの対応でもポイントがあります。

必ずしも精神疾患に限らずですが、休職期間中の生活保障として、社会保険の被保険者である者については、健康保険から「傷病手当金」が支給されます。これは疾病等のため働くことができない場合に、休業4日目から支給されるもので、給与の概ね67％程度が支給されます。また、支給を受けた日から通算して1年6カ月まで支給されるということ、在職中に支給がスタートしていれば退職後も引き続き支給を受けることができることになっています。ということは、休職期間の長さによっては休職期間満了で退職となった日以降も支給されるケースもあるわけです。したがって、職場復帰に固執して症状を悪化させるよりも、傷病手当金を受給できる期間を生かしながら、療養に専念するという道もあるわけですね。

折をみて、当該従業員へそのような健康保険制度の説明をして、退職後の生活の不安を取り除き、休職者に寄り添って対応

するというのは効果があると思います。一方、休職中は給与所得その他の収入が一切ないので、生活や通院時に掛かる金銭を求めて、傷病手当金の申請を１カ月単位とか細かい単位で求めてくるようなケースもありますが、こちらもきっちり対応したいところです。申請漏れなどにより、不信感を与え、病気の責任の矛先を会社へ転換することも考えられますので。

　まとめると、基本的な対応としては、下手にならざるを得ない部分はあって、くれぐれも退職ありきや、退職を促すような発言が前提になるのは控えた方が良いと思います。したがって連絡対応する方も結構な精神的負担があるということは、否めません。
　なお、国の調査でも、うつなど精神疾患で休職した者のうち、休職期間中や復帰後に退職となってしまう者は40％程度いるという調査結果もあります。なので、休職期間満了による退職は現実的にも十分にあり得ることですし、休職者に合わせた慎重な対応はするが、休職規定の休職期間を前提とし、休職期間満了で復帰ができない場合は、退職の手続きを粛々と行っていくことが妥当と言えます。

■パワハラと従業員から申し出があったときの対応は⁉

ボケ：「上司からパワーハラスメントを受けていると、従業員からの申告があって、上司には軽い注意でとどめてたんやけど、部下の方は、適応障害を発症し、労災申請をちらつかせ

てるわ」
ツッコミ:「初動の対応ですね……今やパワハラ防止措置はすべての会社の義務となっています!」

解説:
　まずは、パワーハラスメント（以下「パワハラ」）に対する措置を理解しておかないといけないですね。
　令和4年4月1日から中小企業も「職場のパワーハラスメント防止措置」が義務化されています。つまり、従業員を1人でも雇用する全ての事業所は、この措置を実施する必要があります。
　次にこの防止措置が求められるパワハラとは、どのような内容が該当し得るかですが、まず次の3つの要素があります。
　①〜③の要素を全て満たすものとなります。

　　①優越的な関係を背景とした言動
　　　上司はもとより上司だけでなく業務上の必要な知識や経験を有している従業員（いわゆるマウントを取れそうな人）
　　②業務上必要かつ相当な範囲を超えたもの
　　　業務上明らかに必要がなく、業務の目的から逸脱していることや、回数が許容される範囲を超えるもの
　　③労働者の就業環境が害されるもの

　①の立場の従業員から②の業務上必要かつ相当な範囲を超えた言動等により、就業環境が害されたという3点が組み合わ

さったときがパワハラとなります。また言動等は6類型に分けられており、類型と該当する例は次のとおりです。

①身体的な攻撃
　例）殴るや蹴るといった直接的な暴力行為
②精神的な攻撃
　例）人格否定するような発言や長時間立たせたままで怒りちらすような行為
③人間関係からの切り離し
　例）仲間外れ
④過大な要求
　例）明らかにその労働者ができない仕事を押しつけ、できないことに怒りちらすような行為
⑤過少な要求
　例）明らかに誰でもできそうな雑用仕事ばかり与える、嫌がらせ行為
⑥個の侵害
　例）他人に知られたら困るような個々の事情を他の従業員に暴露するような行為

そしてパワハラに対する会社としての防止措置が次の内容です。

- 事業主（社長）の方針等の明確化および周知・啓発
『パワハラはあかんで！』という会社方針の周知。そして違反者に対しては厳正に対処するということを就業規

則等で規定化し、周知すること
　- 相談に応じ適切に対応するために必要な体制の整備
　　パワハラに関しての相談窓口を設置し、その周知と相談窓口の体制を実効性あるものにすること
　- 職場におけるパワハラの事後の適切な対応
　　相談があった場合は、事実関係を調査。相談者への配慮や、行為者へ就業規則に基づく処分等の措置を適正に行うことや、再発防止策を設けること
　- 併せて講ずべき措置
　　プライバシーの保護や相談したことを理由として解雇や不利益な対応はしないということの周知

　以上のようなことが求められています。
　したがって、今回のケースはまず、相談があったということなので、相談者である従業員がどのように対応してほしいかを確認しておく必要があったということになります（相談窓口の設置は今後の課題として）。そのあたりの確認をせずに上司に対して『こんな話も出とるで。気ぃ付けてや』で片づけてしまったのが失敗だったと思います。
　そして、事実関係の調査はどのようにしていくかですが、まず、本人に対してヒアリングです。そこで、本人が求めることは、『会社から上司に対して注意をしてほしい』ということなのか、より踏み込んで『規則に基づく処分までしてほしい』のかといった希望を確認します。そして次の段階として行為者である上司に対して、事実関係のヒアリングを行います。
　事実関係のヒアリングを行って、仮に結論が出ないのであれ

ば、本人及び上司の同意をもとに、周辺（第3者）へ調査範囲を広げていきます。そして調査結果をもとに、最初に触れた、3つの要素を全て満たすのか、言動等は6類型に当たるのかを確認していきます。実際の判断に当たっては、明らかなものから、不満か愚痴かわからないもの（単に聞いてほしい）、また、パワハラを受けたと主張する者も結構相手に強烈な言動をしているといった例もあり、判断がつきにくいという事実がありますが、個別の事例ごとに最終的に「パワハラ」に当たるかどうかを判断することになります。

　そして「パワハラ」と認定したのであれば、就業規則に基づき行為者への処分を行い、相談者のメンタル面をケアし（場合によっては配置転換も）、そして再発防止策を作って、社内で周知します。このような流れが防止措置に基づく対応となります。

　防止措置に基づく対応をしていれば、上司も初期のヒアリングで、心理的な抑止効果になっていた可能性があります。また、ハラスメント認定をして一定の処分を行っていたら、その時点で問題は収拾していたかもしれません。

　いずれにしても、今からでも事実関係の調査を行い、必要であれば再発防止策を作っていかないといけないと思います。

　このような体制を一から作っていくのは、会社にとって負担になる側面はありますが、実際今回のように放っておいたことで、部下である従業員が適応障害を発症してしまった可能性があるわけです。仮に労災申請を行い、請求が認定されれば、業務中の事故ということになります。業務中の事故となれば、安全配慮義務違反として会社の責任も問われることになり、事後

的には、ハラスメントを受けたことによる精神的苦痛に対する慰謝料として民事上の「損害賠償」も請求されるかもしれません。そうなれば、裁判等でお金と労力、時間を費やすことになるということと、公になれば、取引先、求人募集などに多大な影響を及ぼし、予期しない損害が発生する可能性もあります。なので、相談体制を構築することにより、問題を未然に防ぐ予防措置を取ることは重要な部分でもあります。さらに、もう一歩踏み込んでパワハラに関する定期的な研修を行うことも割と抑止効果として有効です。

■従業員間の食事の誘いもハラスメントになることが⁉

ボケ：「女性従業員から、先輩従業員より社内メールを利用して食事に誘われた言うてな、最初はやんわり断りを入れてたんやけど、何度もメールをしてくるんで、返信をしなくなったらしいわ。ほなら先輩従業員からの当たりが厳しくなって、仕事に専念できないので何とかしてほしいと相談されたんやけど、こんなことまで会社で対応せなあかんのか！」

ツッコミ：「こんなことですが、職場内のことなのでハラスメントに当たる可能性があります！」

解説：
　こちらもハラスメントに当たる可能性が高いです。ハラスメントといっても、今度はセクシャルハラスメント（以下「セクハラ」）になります。ピンとこないかもしれませんが、セクハ

ラのイメージとして、『課長にお尻触られました！』的な昔のドラマであったような身体に直接触れるような典型例だけでなく、セクハラもパワハラと同様に要素と類型に分かれた定義があり様々です。また、パワハラとの相違点として、上司→部下だけでなく職位に関係なく該当するということと（もちろんパートなど非正規労働者も含みます）、イメージとしては男性→女性というのがありますが、性別に関係なく、

- 女性 → 男性
- 男性 → 男性
- 女性 → 女性

というような場合も、成り立ち得ます。

では、セクハラを要素と類型に分解します。まず要素は次のとおりです。

「職場における、労働者の意に反する性的な言動に対する労働者の対応によりその労働者が労働条件について不利益を受けたり、就業環境が害されること」

また、類型は2類型あり、次のとおりです。

①対価型セクシャルハラスメント
②環境型セクシャルハラスメント

キーワードは「職場」「性的な言動」「不利益を受けたり、就

業環境が害される」です。

そして、今回のケースをキーワードに照らして具体的に見ていくと、まず「職場」ですが、これは社内メールを活用したものなので職場と言えますね。そもそも、『仕事中になにしとんねん！』って話で、これはこれで職務専念義務に反した服務規律違反となる行為ですが、一旦脇に置いておきます。

ちなみに、「職場」とは単に会社内だけでなく、出張先・業務中の車中、接待場所といった場所も含みます。考え方としては、必ずしも社内と狭く捉えず、業務に関連する場所を広く含むと考えておいた方が良いと思います。

次に「性的な言動」ですが、次の２つに分類されます。

　①性的な内容の発言
　　性的な事実関係を聞く、性的な内容の噂を言いふらす、性的な冗談を言う、食事やデートに執拗に誘う、個人的な性的体験談を話す、など
　②性的な行動
　　性的関係を強要、身体への接触、わいせつなポスターの掲示、強制わいせつ行為、など

執拗に食事に誘うという点は、①の性的な内容の発言に当たる可能性が高いですね。

そして、最後に「不利益を受けたり、就業環境が害される」という部分です。こちらに類型が絡んできます。

　①不利益系が、対価型セクシャルハラスメント

- 性的言動等への労働者の対応により、解雇や配置転換又は降格処分を行うこと（いわゆる報復人事）

②就業環境が害される系が、環境型ハラスメント
- 性的な言動等により、労働者が苦痛に感じて就業意欲が低下、仕事が手につかない、業務に専念できないこと

このように確認していくと、業務に専念できていない状態とのことなので、環境型セクシャルハラスメントに当たり得ますね。

ボケ：「要件全て満たしとるやないかいな！」
ツッコミ：「なのであれば、会社としての対応が必要かと思います！」

事実であることを前提としたら、いわゆるセクハラ要素と類型すべて満たしている可能性が高いですね。ということは、対応しておかないと安全配慮義務違反となる可能性も出てきます。基本的な対応方法は、パワハラで触れた対応方法と同様となります。まずは、女性従業員に対して相談窓口へ相談してもらうことを促し、事実関係の調査、事実確認が取れたら、対応方針の検討、処分が必要であれば処分の実施、女性従業員のケア、再発防止策の策定へと進めていきましょう。

■育児休業中にあらたな妊娠が発覚した場合の対応は⁉

ボケ:「育児休業中の正社員から新たな子を妊娠したとの報告があったわ。復帰を前提として人員を調整しとったんやけど、えらいこっちゃや。これ以上待つ余裕はあらへんし、人員の補充が必要や。本人も当初言うてた話とちゃうし、退職してもらわなあかんか思ってな」

ツッコミ:「こちらも慎重な対応が必要です。あからさまな対応をするとハラスメントともなり得ますよ!」

解説:

　会社と従業員間で雇用契約を締結すれば、就業に関して労働法関係の法律が適用されるわけですが、これには当然に出産・育児に関することについても含みます。つまり、会社が自由に考えられるものではなく関係法令が適用され、法令の範囲で対応していく必要があります。

　まず、話し方として、退職を促していく方向かと思いますが、退職ありきでは問題が出る可能性があります。まず、ハラスメントの面が関係してきます。

　会社で対応が必要となるハラスメント防止措置は3つありますが、別の項で触れたパワハラ、セクハラ以外にも妊娠・出産・育児休業等に関するハラスメント（マタハラ・パタハラ）というのがあって、退職を求める内容によっては、こちらに該当する可能性があります。このハラスメントには2種類あり、

第7章　ボケとツッコミで分かる「休職・ハラスメント・休業」

- 妊娠・出産した状態への嫌がらせ
「医師の診断等で会社を休まんといて」「妊娠してるしどれくらい負担掛けられるかわからへんわ」といった言動
- 育児休業（介護休業含む）制度等利用への嫌がらせ
「育休取るなら辞めてほしいわ」「こっちの負担も考えてや」といった言動

　このような言動がハラスメントとなる可能性があります。
　また、退職勧奨に対して、承諾しなかったのであれば、解雇という方向になると思います。通常の解雇は「客観的に合理的理由を欠き、社会通念上相当であると認められない場合には、その権利を濫用したものとして無効とする」というような合理性、社会通念上の相当性などの要件もあるので、まずこの点から見てどうなのか？　ということと、もっと根本的なこととして、労働基準法では「産前産後休業中及びその後30日間は解雇できない」（労働基準法第19条）と、育児介護休業法でも「育児休業の申出、取得したことを理由としての解雇をしてはならない」（育児介護休業法第10条）、さらに男女雇用機会均等法でも、妊娠や出産したことを理由として女性労働者を解雇することを禁止しており（男女雇用機会均等法第9条）、様々な法律においても妊娠関係に対して厳しい制限を掛けていることが分かると思います。
　結局のところは、第1子の妊娠の場合であろうが、育休中の妊娠の場合であろうが、同じような対応が求められることになります。

ボケ:「がんじがらめやな。現実的な対応を考えていかなあかんな」
ツッコミ:「職場復帰を前提としつつ、個別状況に応じた対応が良いかと思います」

 したがって、話し方としてはあくまで職場復帰を前提とした形になり、『出産が続くことで家庭生活に支障はでないか?』『復帰がもう1年ずれることで復帰後の業務に不安を感じていることはないか?』といった、実質的に復帰が可能な状態なのか? という確認から始めたうえで、もし復帰に支障があるのであれば、退職も視野に入れるという対応の方が妥当性はあると思います。また、その場合、将来的には復帰が可能であるならば、再雇用の制度を準備しておくと話がしやすいですし、従業員本人も安心感を持てると思います。短期的には、現状の欠員を補充するのは必須ですが、補充で採用した人材も雇用が継続しているかどうかはわからない話です。そうなった時に、再雇用を生かせれば、以前働いていて少しは勝手もわかるとは思いますので、即戦力の確保に繋がる可能性もあります。
 あと、雇用継続で話が落ち着いたとしても、短期的な人員の補充については、派遣の活用とか、現状の仕事のやり方に無駄がないか点検することやIT機器などDX化を図ることで、人員を補充しなくても対応できているというケースも割とあります。根本的には、育児休業者が発生するからだけでなく、恒常的に人手は不足しがちですし、時間外労働の上限規制などの対応を含めて、単純に人がいないから補充ではなくて、生産性を上げていくという観点を持つ対応があっても良いのではないか

第7章　ボケとツッコミで分かる「休職・ハラスメント・休業」

と思います。
　また、育児の両立支援全体に関してみると、今後さらに法改正が進むことが想定されます。

　今回のような内容は、どちらかというとレアなケースかと思いますが、育児に関する両立支援を考える前提として、日本全体を見たとき、少子高齢化のさなか、社会基盤を維持していくためには次代の働き手である子供の増加は必要不可欠ですが、出生数は令和5年も引き続き過去最少を更新しているのが現状です。

　まずは、婚姻数を増加させる政策があってこそと思いますが（むしろ出生率より婚姻率の方が減少幅が大きい！）、婚姻 → 妊娠 → 出産 → 子育てという点からもみても、子育て支

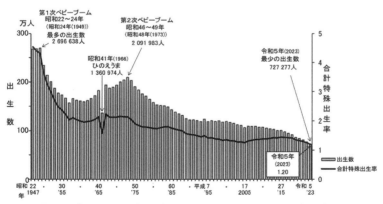

厚生労働省　「令和5年（2023）人口動態統計月報年計（概数）の概況」より抜粋

援というのも日本の政策のど真ん中にあるのは間違いないところです。昨今は核家族化が進行し、地域での子育て支援というのが希薄化しつつあります。そうなると、従業員が帰属している会社の役割も大きいわけで、その子育ての支援を地域から会社へといった観点をもつということも必要かと思います。

　日本経済新聞の令和6年7月25日の記事《〈小さくても勝てる〉中小で女性管理職「3割当然」先行する企業に求職者絶えず　育児に理解、男女とも安心》の引用になりますが、「周りや上司が『仕事と同じくらい大事なのがお母さん（の役割）なんだよ』と言ってくれた」というように、社内全体で積極的に受け入れる仕組みが働きたい企業ランキングで上位にランクされることに繋がっているケースもあります。同じ記事の別の会社では、「育児と仕事を両立できるとして、男女問わず優秀な人材が集まってくる」というような内容もあります。

　一方で、現場の従業員は負担が増し、子育てに関わる「子持ち様」が優遇されすぎという声もあるようですが、いずれ同じ立場になることがあり得ますし、年金制度をはじめ世代間扶養の要素が大きい日本の仕組みを考えても、将来的にはその子供らが現役世代となったとき、負担が増しているという従業員を含めた日本全体の支え手になっていきます。いずれは負担してもらう側に変わっていくわけです。したがって、「子持ち様」ではなく「子持ち様々（さまさま）」という捉え方もできるかと思います。社会の大きな枠組みの中で考える必要がありますね。

　このようなことに限らず、「税金等を負担するのが嫌」といったことなどに関しても、なぜそれらが必要であるのかと

第7章　ボケとツッコミで分かる「休職・ハラスメント・休業」

いった根本的な社会教育が不足していることが問題かもしれませんが……。

　以上から、会社として、子育てをしつつ就業を継続することが可能な制度をより進めた方が、企業イメージはもとより、長期的な人材確保の観点からも良いのではないかと思います。

■男性も育児休業取得できるのか!?

ボケ：「最近、男性従業員から『妻が妊娠したから育児休業を取りたい』言うてきたんやけど、男が育休？　女性陣は取ってるけど、男も使えるんか？」
ツッコミ：「育児休業制度はそもそも、男女の区別ないですよ！」

解説：
　育児休業の制度は、原則1歳（保育園に入れないなどの理由により最大2歳）までの子を養育する者が対象となっています。特段男女の区別はしていませんので、そもそも男性も育児休業を取得することができます。一方、産前産後休業は労働基準法に定められた期間（産前6週間、産後8週間）（労働基準法第65条）で、出産そのものに負担がかかる女性に限定しています。なので育児休業と産前産後休業は切り分けて考える必要があります。

　また、男性は女性のように産後休業期間がないので、子の出生日から育児休業を取得することができます。ということで、基本的には希望があれば対応する必要があります。しつこいようですが、対応しないとまた「ハラスメント」という言葉も出

てきますね(前項参照)。
　一方、昨今この男性育児休業の取得率の低さが課題として挙げられています。
　これは、夫婦共働きが増加していることや、親元から離れて生活の基盤を置いている中で、男性が育児に参加しないことが、妊娠・出産の弊害になっているということから、男性の育児休業取得率を高めていくということが背景にあります。

ボケ：「『亭主元気で留守がいい』ちゅうわけにいかんねんな！
　　せやけど育休みたいに長期休業は想定しとらんだわ」
ツッコミ：「出生時育休制度なんてどうでしょうか？」

　そのような中、令和4年10月から「出生時育児休業制度」が法制化されました。名称は、ややこしく、色々あって「産後パパ育休」とか「男性育休制度」といった呼称がされています。
　この制度は、「出生時」とあるように以前のような里帰り出産をすることが減少しているなか、出産後男性が育児休業を取得することにより女性の産後ケアを親元に代わって行うということを指向したものだと思います。なので、通常の育児休業制度とは期間などで相違点があります。

- 取得可能期間
  子の出生後8週間以内に4週間まで取得可
- 休業中の就業
  労使協定を締結することで就業可（休業期間中の所定労働日・所定労働時間の半分まで）

第7章　ボケとツッコミで分かる「休職・ハラスメント・休業」

- 休業の分割
  初めにまとめて申し出ることで2回まで分割して取得することが可能

　取得期間は最大4週間（28日）なので、通常の育児休業が長期間を前提とした休業であるのに対して、出生時育児休業制度は比較的短い期間であることと、場合によっては働きつつ休業を取得することもできるので柔軟な制度と言えます。
　出生時育児休業制度に触れたのは、まず今回の育児休業の希望に関して、『こっちの制度でどうやろか？』ということです。育児休業を取得したい理由にもよりますが、たとえば出産後の配偶者の負担軽減として育児休業を取得したいということであれば、出生時育児休業制度の方が、取得しやすい点がありますし、会社としても緊急を要する案件などがあって、一定程度の対応をお願いすることも可能な制度になっているからです。
　なお、出生時育児休業→引き続き通常の育児休業制度に入ることも可能なので、一旦出生時育児休業で様子を見るという方法も考えられます。また、休業日に対して、雇用保険から給付金（育児休業給付金）の申請をすることができますが、その休業日に対しての支給額の計算方法等も基本的には育児休業と出生時育児休業で違いはありません。もちろん働いて給与が支給されたら調整はされますが。
　また、こういった制度に限らず最近は大手企業が中心ですが、男性育休を義務付けている会社もあるので、これくらいの対応は致し方ないと思います。
　必ずしも育児休業に限らず、病気などで意図せず一定期間休

んだりすることはあり得るので、出生時育児休業の期間もその一つと捉えておいた方が、こちらも気持ちよく休業に入ってもらえますしね。

　なお、出生時育児休業が法制化された時に合わせて、次の事項も義務化されていますので、合わせて対応する必要があります。

- 育児休業を取得しやすい雇用環境の整備
  研修の実施、相談窓口設置など
- 妊娠・出産の申し出をした労働者に対する個別の周知・意向確認の措置
  育児休業、出生時育児休業に関する制度、申し出先、育児休業給付に関することの周知
  （個別周知・意向確認の方法）面談、メールなど

川勝　健司（かわかつ　けんじ）

天悠社会保険労務士法人副所長/社会保険労務士
昭和52年1月11日生まれ。京都府船井郡京丹波町（旧丹波町）出身。製造業、運送業等を経て、代表の西條順子特定社会保険労務士と縁があり、社会保険労務士業界にアルバイトからスタートする。昭和生まれのモーレツ社員で一応成長。前職の経験を生かし、製造業、運送業と医療機関を中心に人事労務に関すること全般、社会保険手続き、給与計算まで幅広く対応中。現場第一主義で常にお客様のもとへ訪問することを心掛けている。

ボケとツッコミでわかる労務管理
〜中小企業のツッコミ事例40〜

2025年1月23日　初版第1刷発行

著　　者	川勝健司	
発行者	中田典昭	
発行所	東京図書出版	
発行発売	株式会社 リフレ出版	
	〒112-0001　東京都文京区白山 5-4-1-2F	
	電話 (03)6772-7906　FAX 0120-41-8080	
印　　刷	株式会社 ブレイン	

© Kenji Kawakatsu
ISBN978-4-86641-840-7 C0034
Printed in Japan 2025

本書のコピー、スキャン、デジタル化等の無断複製は著作権法上での例外を除き禁じられています。本書を代行業者等の第三者に依頼してスキャンやデジタル化することは、たとえ個人や家庭内での利用であっても著作権法上認められておりません。

落丁・乱丁はお取替えいたします。
ご意見、ご感想をお寄せ下さい。